Jeßing | Arbeitstechniken des literaturwissenschaftlichen Studiums

Reclams Studienbuch | Germanistik

Benedikt Jeßing

Arbeitstechniken des literaturwissenschaftlichen Studiums

Eine Einführung

Reclam

MIX
Papier aus verantwor-
tungsvollen Quellen
FSC
www.fsc.org   FSC® C125418

Inhalt

1. Einleitung

Die erste Auflage dieses Bandes wurde zu einer Zeit verfasst, zu der die technischen Computer- und Speichermöglichkeiten weit hinter den gegenwärtigen zurückstanden und die Möglichkeiten der digitalen Recherche, der Nutzung von digitalen Angeboten zur Literaturverwaltung und anderes mehr noch lange nicht entwickelt waren oder noch in den Anfängen steckten. Zudem wurden bei Erscheinen der Erstauflage an den meisten deutschen Universitäten noch die »alten« Magisterstudiengänge mit Grund- und Hauptstudium angeboten, die Einführung der gestuften Bachelor- und Master-Studiengänge wurde damals an wenigen Standorten erst noch geplant! Insofern scheint eine Aktualisierung und Erweiterung des Bandes dringend geboten.

Darüber hinaus bietet die Aufnahme der »Arbeitstechniken des literaturwissenschaftlichen Studiums« in die neue Lehrbuchreihe des Reclam Verlages, »Reclams Studienbuch Germanistik«, die Möglichkeit, den bisherigen Band aus der Universal-Bibliothek auch optisch so darzubieten, dass der Text eine bessere Übersichtlichkeit und Lesbarkeit bekommt; Marginalien in der Randspalte helfen, die Orientierung im Text zu verbessern.

Wie bisher stellt der vorliegende Band die verschiedenen Arbeitstechniken und handwerklichen Verfahren vor, die von Studentinnen und Studenten eines literaturwissenschaftlichen Faches im Laufe ihres Studiums verlangt werden. Viele digitale Arbeitsmöglichkeiten – etwa die Recherche in online-Datenbanken oder die Literaturverwaltung z. B. mit Citavi – bieten bei den literaturwissenschaftlichen Arbeitsverfahren vielfache und praktische Hilfe; dennoch steht aber auch in diesem Band nach wie vor der handwerkliche Grundcharakter der Arbeit am literarischen Text und bei der Vorbereitung wissenschaftlicher Arbeiten im Zentrum der Darstellung.

Die erste und grundsätzliche Vorbedingung für ein solches Vorhaben ist die genaue Orientierung am spezifischen Gegenstand der Literaturwissenschaft. Die Verfahren zur Verfertigung einer wissenschaftlichen Arbeit können nicht abstrakt, völlig losgelöst von ihrem wissenschaftlichen Gegenstand vorgestellt und erst recht nicht eingeübt werden. Schon die germanistische Mediävistik oder Linguistik setzen teilweise oder großenteils andere handwerkliche Fertigkeiten voraus – die verschiedenen Literaturwissenschaften liegen einander auf jeden Fall näher. Aus diesem Grund wird im Folgenden versucht, relativ stark exemplarisch die verschiedenen Arbeitstechniken zu präsentieren, immer wieder ausgehend von konkreten Gegenständen literaturwissenschaftlicher Beschäftigung.

Die wichtigste Voraussetzung aller hier vorzustellenden Verfahren ist die intensivste Beschäftigung mit der Sache – und das heißt im Falle der Literaturwissenschaft: die intensivste Beschäftigung mit einem literarischen Text. Diese nämlich, die fundierte und differenzierte Erarbeitung eines literarischen Textes und seiner Erforschung, schafft die Vorbedingung dafür, dass ein angeblich psychopathologisches Phänomen eben nicht eintreten kann: die sogenannte Schreibhemmung. Die meisten Blockaden bei der Abfassung von Hausarbeiten und Referaten sind durch die strukturierte und systematische Erarbeitung der Sache selbst im Vorhinein abwendbar, ›Schreibhemmungen‹ sind zuallermeist Effekte eines handwerklichen Mangels, praktisch nie psychopathologische und damit therapiebedürftige Tatbestände. Erfahrungen des »Im-Augenblick-nicht-weiter-Kommens« gehören zum Studienalltag; im Folgenden wird zuweilen auf mögliche Gefahrenstellen bei Studienprojekten hingewiesen und versucht, mit einigen handwerklichen Ratschlägen Abhilfe anzubieten. Im Ernstfall hilft ein gut vorbereiteter Sprechstundenbesuch, bei dem man sachlichen Rat und handwerklich-praktische Hilfe bekommt.

Die intensivste Beschäftigung mit einem literarischen Gegenstand setzt die Lust am Text voraus. Diese ist unabdingbar für den erfolgreichen Abschluss einer Arbeit. Das heißt im Klartext: Man sollte nach Möglichkeit niemals einen Text bearbeiten, den man nicht mag. Es muss so etwas entstehen oder existieren wie eine affektive Beziehung zum Text, zum Gegenstand der Arbeit, wenigstens Interesse, im besten Falle Auf- oder Erregung, Spannung oder Rührung. Die gründliche, analytische und deutende Lektüre und Wiederlektüre eines literarischen Textes ist eine spannende, individuell sinnstiftende und persönlich bereichernde, lebendige kulturelle Praxis. Spannender noch, wenn die eigene Lektüre mit anderen Verstehensmöglichkeiten in einen produktiven Dialog tritt: im Seminar mit den Lektüren der Mitstudierenden, in der schriftlichen Arbeit mit den Deutungsperspektiven der Forschung. Nur durch ihre immer neue Lektüre leben literarische Texte weiter, werden ihre Überlieferung und ihr Verstehen in eine Zukunft hinein verlängert. Dies ist die innerste Aufgabe der Literaturwissenschaft – und ihr elementarer gesellschaftlicher Praxisbezug: Sie ist kulturelle Erinnerungs- und Verstehenspraxis.

Die affektive Beziehung zum Text, seine tatsächlich zunächst eigene Lektüre ist als individueller Zugang zum Kunstwerk der notwendige Ausgangspunkt seiner wissenschaftlichen Erarbeitung. Die Literaturwissenschaft stellt nun eine Vielzahl methodischer und terminologischer Instrumente zur Verfügung, mit deren Hilfe die eigene individuelle Texterfahrung (zumindest annähernd) begrifflich umgesetzt werden kann; erst dann nämlich kann sie in ein Gespräch mit anderen Deutungen eintreten. Zur geschlossenen Darstellung von eigenem Verständnis und Dialog mit der Forschung verfügt die Literaturwissenschaft über eine Reihe mündlicher und schriftlicher Textsorten, die im Laufe des Studiums gehört und gelesen, erprobt und eingeübt werden sollen. Dazu gehört die Vorlesung(smitschrift) ebenso wie Referat und schriftliche Hausarbeit.

Mögliche Verfahren, sich ein intensives Textverständnis zu erarbeiten, werden im Folgenden ebenso vorgestellt wie Vorschläge und Anleitungen, wie die unterschiedlichen Textsorten, die von Studentinnen und Studenten der Literaturwissenschaft verlangt werden, vorbereitet und abgefasst werden können. An entsprechenden Stellen wird im Einzelfall auf die spezifischen berufsqualifizierenden Fertigkeiten hingewiesen, die in einzelnen Arbeitsschritten etwa der Abfassung einer schriftlichen Hausarbeit oder einer Vorlesungsmitschrift eingeübt werden. Dies trägt einerseits der Tatsache Rechnung, dass in der gegenwärtigen kultur- und bildungspolitischen Diskussion die Legitimität eines geisteswissenschaftlichen Studiums als an seiner konkreten (und möglicherweise in Heller und Pfennig auszudrückenden) Berufsbezogenheit abzumessen gilt. Andererseits soll hier gerade darauf insistiert werden, dass kulturgeschichtliche und literaturwissenschaftliche Fächer grundsätzlich gesellschaftliche Praxis sind, historisches Verstehen, Erinnerung und Traditionsbildung leisten; konkretere ›Berufsfeldorientierung‹ des Studiums weist ja nur in Institutionen hinein, die ebenfalls an dieser gesellschaftlichen Praxis mitarbeiten.

Die Beispiele, die in diesem Band zur Illustration dienen, stammen grundsätzlich aus der germanistischen Literaturwissenschaft. Ich gehe jedoch davon aus, dass die vorgestellten Arbeitstechniken und handwerklichen Verfahren zumindest im Prinzip auch auf andere literaturwissenschaftliche Studiengänge übertragen werden können.

Die hier ausgeführten Überlegungen und Arbeitsvorschläge verdanken sich einer großen Zahl von literaturwissenschaftlich-propädeutischen Lehrveranstaltungen, die ich im Verlauf der vergangenen 25 Jahre angeboten habe. Den Studierenden dieser Übungen zu den Arbeitstechniken Literaturwissenschaft bzw. aus themen-orientierten propädeutischen Übungen gilt weiterhin mein großer Dank für die Bereitschaft zur Mitarbeit und für kluge und konstruktive Kritik, für Anstöße zur Weiterentwicklung eigener Überlegungen. Der mehrmalige Verweis auf Einführungsbände meines akademischen Lehrers Jochen Vogt sei als Dank dafür verstanden, dass ich bei ihm gelernt habe, was ich hier zu vermitteln suche. Ich danke aber insbesondere meinem studentischen Mitarbeiter Gerrit Boehnke, der bei der Vorbereitung dieser zweiten, erweiterten und aktualisierten Ausgabe meines Buches unschätzbare unterstützende Vorbereitungs- und Recherchearbeit geleistet hat.

2. Studienbegleitende Arbeitstechniken

»Ebenso lobe ich, dass du nur wenige Stunden besuchst. Es kommt beim Studieren alles darauf an, daß man über das, was man sich zueignen will, Schritt vor Schritt Herr bleibe. Sobald einem das Überlieferte über den Kopf wächst; so wird man entweder dumpf oder verdrießlich, und kommt gar zu leicht in Versuchung alles abzuschütteln.«

(Goethe am 3. Juni 1808 an seinen Sohn August, der gerade in Heidelberg immatrikuliert worden war)

2.1 Studienorganisation – Vor- und Nachbereitung von Lehrveranstaltungen

Goethes lobende Bemerkung seinem Sohn gegenüber klingt in Studierendenohren unter den Bedingungen der modularisierten, gestuften Studiengänge gewissermaßen wie »Hohn«: Man kann, zusätzlich noch unter dem Zwang, möglichst die Regelstudienzeit einzuhalten, gar nicht ›nur wenige Stunden besuchen‹. Die Module insbesondere der Bachelor-Studiengänge sind mit zu wählenden Pflichtpositionen bestimmter Veranstaltungen oder Veranstaltungstypen versehen – und in allen Modulteilveranstaltungen muss irgendein Nachweis über erfolgreiche aktive Teilnahme erbracht werden.

Obwohl die Modularisierung des Lehrangebots den Studierenden Orientierung bei der Zusammenstellung des Stundenplans für ein Semester zu geben scheint, verlangt das Studium in den meisten literaturwissenschaftlichen Fächern immer noch ein relativ hohes Maß an Selbstorganisation. Innerhalb eines Moduls empfiehlt es sich durchaus, nicht irgendeine der Vorlesungen mit irgendeiner Übung und einem beliebigen Seminar zu kombinieren, sondern aus den Lehrveranstaltungen, die dem Modul zugeordnet sind, diejenigen auszuwählen, die erstens mit eigenen Interessenschwerpunkten verbunden sind, und die zweitens inhaltlich zusammengehören, also Synergieeffekte innerhalb des Moduls ermöglichen. Ein solches Modul könnte sich etwa zusammensetzen aus einer Vorlesung zum Thema »Lyrik im

Nach Möglichkeit: Module mit inhaltlicher Kohärenz

18. Jahrhundert: Aufklärung, Empfindsamkeit, Sturm und Drang« und einem Proseminar (bzw. Hauptseminar) »Ode und Hymne – Gattungen der Lyrik im 18. Jahrhundert«; sinnvoll ergänzt werden könnte dieses Modul noch durch eine literaturwissenschaftliche Übung, etwa eine »Einführung in die Gedichtanalyse« (alternativ und um ein zweites Beispiel zu geben, könnte ein solches Modul natürlich auch lauten: Vorlesung »Der klassische Goethe« oder »Romane der Bildung – Von Grimmelshausen bis Grass«, Übung »Erzähltextanalyse« und Proseminar »Goethe: *Wilhelm Meisters Lehrjahre*«).

Dass Module, insbesondere in der auf die Grundkurse oder Einführungen im ersten Semester folgenden Studienphase, aus den genannten drei Veranstaltungsformen zusammengesetzt sind, ist hochschuldidaktisch sehr sinnvoll: Vorlesungen als primär ein breites Grundwissen vermittelnde Veranstaltungen verlangen andere Mitarbeit und Nachbereitung und üben insofern auch andere Formen wissenschaftlichen Umgangs mit den Gegenständen des Faches ein als Übungen, in denen wissenschaftliche Fertigkeiten und analytische Verfahren eingeübt werden und schließlich als (Pro- oder Haupt-)Seminare, die die Gegenstände wie die wissenschaftlichen Verfahren in Eigenarbeit intensiv vertiefen und ihre Umsetzung in Referat und Hausarbeit erproben. Die Möglichkeiten zur Zusammenstellung solcher inhaltlich kohärenten Module hängen im Einzelfall natürlich von der Breite und dem Differenzierungsgrad des Lehrangebots an einem Institut oder Seminar ab. Oft aber erlaubt schon die Abstimmung des Lehrangebots am Institut oder Seminar die Schaffung einer solchen inhaltlichen Kohärenz: Häufig bieten Wissenschaftliche Mitarbeiter(innen) Seminare oder Übungen im Umfeld der Vorlesung ihrer Chefin oder ihres Chefs an, sodass hier die Veranstaltungen miteinander verbunden sind oder sogar aufeinander aufbauen.

Zeitmanagement im Studium: Vor- und Nachbereitungszeiten bedenken

Sinnvolle Selbstorganisation des Studiums heißt aber auch, in die eigene Zeitplanung die ganz unterschiedlichen Vor- und Nachbereitungsnotwendigkeiten der gewählten Lehrveranstaltungen mit einzubeziehen: Vorlesungen und Seminare, die tatsächlich intensiv begleitet werden sollen – und aus Letzteren sollen schriftliche Hausarbeiten bzw. mündliche Prüfungen hervorgehen –, verlangen je

andersartige Vor- und Nachbereitungsverfahren, die sowohl durch
die unterschiedlichen Vermittlungsformen der Lehrveranstaltungen
als auch durch ihre je anderen Vermittlungsziele notwendig bedingt
sind.

Zunächst einmal zu den Veranstaltungsvorbereitungen: Jede Dozen- tin bzw. jeder Dozent gibt im Vorlesungskommentar im elektroni- schen Vorlesungsverzeichnis des Faches an, welche Vorbereitung auf eine Lehrveranstaltung im jeweils kommenden Semester verpflich- tend, wünschenswert oder sinnvoll ist. Dazu gehört in jedem Fall die mindestens einmalige Lektüre der Primärliteratur, derjenigen literari- schen Texte also, die im Zentrum der Lehrveranstaltung stehen. Aus- nahmen bilden lediglich ausdrücklich so bezeichnete Lektürekurse, in denen ein schwieriger oder besonders langer Text in einer schrittwei- sen, begleiteten Lektüre erarbeitet werden soll.

Seminar- vorbe- reitung

Grundsätzlich sollte die vorlesungsfreie Zeit zur Lektüre der Pri- märliteratur genutzt werden – spätestens hier kann man sich dann im- mer noch gegen die Teilnahme an dieser Veranstaltung entscheiden. Allein schon aus dieser Perspektive erscheint es sinnvoll, die notwen- dige Vorbereitung einer Lehrveranstaltung immer mit in die Zeitpla- nung für das kommende Semester mit einzubeziehen: Die Zeit, die für die Lektüre zur Verfügung steht, ist ein knappes Gut – und die Zeit wird umso knapper, wenn man aus dem vergangenen Semester noch die eine oder andere schriftliche Hausarbeit fertigzustellen hat! In dem besonderen Fall, dass für eine Lehrveranstaltung mehrere größere Pri- märtexte als gelesen vorausgesetzt werden und der Kommentar erken- nen lässt, dass die Texte in einer bestimmten Reihenfolge bearbeitet werden, kann man sich erlauben, die Lektüre des zweiten, dritten oder vierten Textes in die Semesterzeit selbst zu verschieben – allerdings mit der Konsequenz, dann während der intensiven Erarbeitung des ersten Textes im Seminar noch nicht die vielfältigen Bezüge zu den an- deren Texten wahrnehmen zu können, wie etwa die Anspielungen, ironischen Brechungen, die Traditionsaufnahmen und -brüche. Eine gute Vorbereitung der Primärliteratur lässt ihre Erarbeitung im Semi- nar viel intensiver werden.

Lektüre der Primärtexte

›Aktives‹ Lesen: Markierungen, Notizen

Die Lektüre der literarischen Texte, die Gegenstand einer Lehrveranstaltung sein werden, sollte niemals ohne Bleistift, ggf. bunte Marker und ein Blatt Papier vorgenommen werden. Auffälligkeiten beispielsweise stilistischer Art, dramatische Konflikte oder zentrale Figurenkonstellationen, die für die weitere Entwicklung eines Dramas entscheidend sein können, zukunftsgewisse oder -ungewisse Vorausdeutungen im Drama oder im Erzähltext, Erscheinungsweisen erzählerischer Ironie, Leseranreden o. Ä. sollten mindestens im Text markiert werden; der Seitenrand sollte schon nach der ersten Lektüre eigene Anmerkungen, Zeichen und Abkürzungen aufweisen. Komplexe Figurenanlagen oder auffällige Gestaltungsmittel des Textes können schon beim ersten Lesen auf dem bereitliegenden Blatt Papier notiert werden – natürlich kann das auch direkt am Computer geschehen: Die Notizen sind besser lesbar und stehen als Datei immer zur Verfügung. Mit einer solchen Vorbereitung kann man möglicherweise schon zu Beginn eines Seminars eigene Ideen zur thematischen Schwerpunktsetzung in schriftlichen Hausarbeiten oder mündlichen Prüfungen entwickelt haben: Die Vorbereitung solcher Studienprojekte kann sehr früh im Semester beginnen!

Weiterführende Literaturempfehlungen

Dozentinnen und Dozenten geben in Veranstaltungskommentaren neben der Pflichtlektüre der zentralen Texte des Seminars auch häufig Empfehlungen zur Einführung in eine literaturgeschichtliche Epoche, eine Biographie oder ein Gesamtwerk, einen gattungsgeschichtlichen oder -poetologischen oder auch einen literaturtheoretischen Komplex. Diese Lese-Empfehlung bedeutet nicht gleich, dass man die entsprechenden (und meist ziemlich kostspieligen) Bücher kaufen müsste. Wenn die Vertiefung eines bestimmten literaturwissenschaftlichen Gegenstandes allerdings geplant ist, empfiehlt sich der Kauf wenigstens einiger der angegebenen empfohlenen Einführungsbücher: Preisgünstige Autoren-, Epochen- oder Gattungsmonographien erscheinen in Studienbuchverlagen oder -reihen wie etwa der »Sammlung Metzler«, bei UTB oder bei Reclam. Hinweise auf große literaturgeschichtliche Werke, auf Handbücher und Lexika oder auch auf Spezialliteratur zu einem Gegenstand verstehen sich in der Regel als Rat, eine Bibliothek aufzusuchen, in den entsprechenden Büchern zu stöbern, das eine oder andere evtl. durchzulesen (vielleicht mit einem Notizzettel bei der Hand) oder sogar den einen oder anderen Band auszuleihen, um ihn daheim intensiv lesen können.

Während die gerade geschilderte Vorbereitung eines Pro- oder Hauptseminars gleichsam obligatorisch ist, muss für eine Vorlesung nicht unbedingt in gleicher Weise vorgearbeitet werden. Natürlich ist eine Vorlesung umso lehrreicher, je intensiver man den literarischen oder auch theoretischen Gegenstand der Ausführung schon kennt – und hierfür die im Kommentar empfohlene Literatur durchgearbeitet oder zumindest gelesen hat. Die Vorlesung kann aber grundsätzlich – da sie nicht auf die aktive mündliche Mitarbeit angewiesen ist – als Anregung zum Lesen, als erste Phase des Kennenlernens gegenüber einem bisher fernen oder fremden Gegenstand genutzt werden. *Vorbereitung einer Vorlesung*

Vorlesung und Seminar verlangen, über die Differenz bei der Vorbereitung hinaus, ganz unterschiedliche Mitschreib-, Protokollierungs- und Nachbereitungsverfahren. Im Folgenden werden sowohl unterschiedliche Verfahren der Mitschrift in Lehrveranstaltungen vorgestellt als auch die »sekundären« Effekte dieser Arbeit für das gesamte Studium skizziert. *Nachbereitung*

In den meisten Seminaren und Übungen wird eine Anzahl mehr oder weniger umfänglicher mündlicher und schriftlicher Arbeitsaufgaben verlangt: Protokolle und Thesenpapiere, Referate und Sitzungsmoderationen, schließlich schriftliche Hausarbeiten. Alle diese Arbeitsformen werden in diesem Band noch vorgestellt. Immer aber – und das gehört zur Studienorganisation – ist bei diesen Arbeitsformen der enge Kontakt zur Dozentin oder zum Dozenten notwendig. Das heißt vor allem bei größeren Projekten wie Referaten oder Hausarbeiten, dass man die einzelnen Arbeitsschritte in den Sprechstunden bespricht: die Eingrenzung des Themas, die Auswahl der Sekundärliteratur, die Konzeption der Arbeit, gegebenenfalls sogar stilistische oder formale Details. Sprechstundenbesuche sollten gut vorbereitet werden – ein Notizzettel mit den zu klärenden Fragen reicht dabei schon völlig aus. Bei allen Arbeitsschritten, die einen Sprechstundenbesuch angezeigt erscheinen lassen, wird in den folgenden Ausführungen *Sprechstundenbesuch* ausdrücklich darauf verwiesen. – Über die Vorbereitung konkreter Arbeitsvorhaben hinaus sind Sprechstundenbesuche auch in allen Fragen der Studienberatung und -betreuung angezeigt.

Computer-
organisa-
tion

Studienorganisation heißt zuletzt auch, dass der eigene Computer vorbereitet werden muss. Es sollte grundsätzlich ein Dateiordner unter dem Namen »Studium« angelegt werden, eine Ebene tiefer Dateiordner für die Studienfächer: beispielsweise »Germanistik / Neuere Deutsche Literaturwissenschaft«. In diesem Ordner liegen dann etwa Dateiordner mit den Namen »Vorlesungsmitschriften«, »Seminare«, »Hausarbeiten« usw. Ein zusätzlicher Ordner unter dem Titel »Ideenkartei« nimmt alle Einträge interessant erscheinender Themen, Ideen, Text- oder Forschungsdetails auf, die sich im Laufe eines Studiums ansammeln und aus denen z. B. die Leitidee der B. A.- oder M. A.-Arbeit entstehen kann.

2.2 Vorlesungsmitschrift

Selbstver-
ständnis
der Vor-
lesung

Vorlesungen präsentieren meist in rein monologischer Form einen größer umrissenen systematischen oder historischen Teilbereich der Literaturwissenschaft, oft aus der aktuellen Forschungsarbeit der oder des Lehrenden heraus perspektiviert – ein Wissen also, das einerseits umfängliches Grundwissen des Faches darstellt, andererseits aber auf die Forschungsinteressen und Arbeitsschwerpunkte der oder des jeweiligen Lehrenden zurückgeht. Die Aneignung dieses Wissens im Zuhören und intensiven Nacharbeiten verhilft also dazu, sich größere literarhistorische oder systematische Wissenbestände des Faches zugänglich und verfügbar zu machen.

Basiswissen
oder For-
schungs-
orientie-
rung

Grundsätzlich sind zwei verschiedene Arten von Vorlesung an jeder Universität denkbar: einerseits Vorlesungen, die ›einfach‹ Grundwissen vermitteln, andererseits Vorlesungen, die neueste Forschungsperspektiven präsentieren. Beispielsweise ist eine Vorlesung zum »Sturm und Drang« wahrscheinlich weitgehend eine Vorlesung, die das literaturgeschichtliche Grundwissen zu dieser Epoche ausbreitet. Wenn sie allerdings von jemandem gehalten wird, der sich intensiv forschend mit Gegenständen dieses literaturgeschichtlichen Bereichs beschäftigt, dann heißt das natürlich, dass hier eben nicht nur Grundwissen, sondern auch aktuelle Forschung präsentiert wird. Häufig auch verlässt die Lehrveranstaltungsform der Vorlesung den Bereich der bloßen Grundlagenvermittlung völlig: Sie präsentiert einen nur scheinbar klaren Gegenstand aus völlig neuer methodologischer Perspektive – und dadurch verändert sich natürlich auch der Gegenstand selbst. Als Beispiel wäre hier etwa eine Vorlesung zur Literaturgeschichte des 19. Jahrhunderts aus systemtheoretischer Perspektive zu nennen, die, sowohl was den Zuschnitt epochaler Segmente als auch was die Begründung und inhaltliche Füllung der einzelnen Epochenbegriffe angeht, zu Ergebnissen kommt, die vom alten Grundwissen deutlich abweichen.[1]

Eine Vorlesung zu besuchen ist also sinnvoll, weil man erstens Grundwissen präsentiert bekommt und zweitens im Idealfall am Prozess der Herstellung eines Wissens teilnehmen kann, über das in dieser Form noch niemand verfügt. An einer Vorlesung intensiv teilzunehmen heißt im besten Fall, ganz aktuelle Ergebnisse avancierter Forschung präsentiert zu bekommen. Und ebenso sinnvoll ist es, diese Ergebnisse in irgendeiner Weise aufzuschreiben. Auch das Grundwissen aufzuschreiben, macht Sinn. Denn der oder die Vortragende hat dieses Wissen selbst ja aus mehr oder weniger unzähligen literaturwissenschaftlichen Werken, literaturgeschichtlichen Darstellungen, Biographien und Werkinterpretationen zusammengetragen – in einer Dichtheit, wie sie selten ein einzelnes Lehrbuch zu bieten vermag, und zusätzlich noch aus der Perspektive einer Forscherin oder eines Forschers, die/der Freude an diesem Gegenstand hat, vielleicht sogar noch etwas Neues an ihm entdeckt. >Sinn< des Vorlesungsbesuchs

Vorlesungsmitschriften begleiten oft das gesamte Studium und dienen selbst noch in der Prüfungsvorbereitung der Selbstverständigung über ganze Themenkomplexe. Die gute Vorlesungsmitschrift gibt es nicht, ihre Qualität ist auch nicht von der Kongenialität des Zu- Nutzbarkeit und Zweck der Vorlesungsmitschrift

---

1 Vgl. dazu als Beispiel für einen methodologisch tatsächlich neu konturierten literaturgeschichtlichen Gegenstand etwa Gerhard Plumpe, *Epochen moderner Literatur. Ein systemtheoretischer Entwurf*, Opladen 1995.

hörers abhängig, von seiner Ausdauer o. Ä. – Hier handelt es sich um eine eigentlich schlichte und einübbare handwerkliche Technik, deren positive Effekte allerdings nicht zu unterschätzen sind.

Generell hat die Vorlesungsmitschrift doppelten Sinn: Sie ist einerseits die Möglichkeit, an einem kompetent aufbereiteten, mehr oder weniger brillant vorgetragenen und ebenfalls mehr oder weniger an der neuesten Forschung orientierten Wissen zu partizipieren, andererseits aber schon die Chance, in der nachbereitenden Aneignung dieses Wissens grundlegende wissenschaftliche Verfahren einzuüben.

Wenn eine Vorlesung durch eine intensive Mitschrift begleitet werden soll, dann geht das natürlich nur bei einer Vorlesung pro Semester. Das Ergebnis einer solchen Mitschrift ist im besten Fall ein selbst geschriebener 50- bis 100-seitiger Text, der erstens selbst für die intensivste Prüfungsvorbereitung zu diesem Gegenstand noch völlig ausreicht, der zweitens damit auch Mitstudentinnen und -studenten zur Verfügung gestellt werden kann und der drittens auf der Festplatte des Computers auch ein reichhaltiges Reservoir differenzierten und ausformulierten Wissens darstellt, auf das man etwa im Falle von Referat oder schriftlicher Hausarbeit ruhig zurückgreifen darf.

Ein sorgfältiges Protokoll ist also schon allein aus studienökonomischen Erwägungen ein sinnvolles Unterfangen. Zu Beginn des Studiums basiert dieses Protokoll auf einer Mitschrift, die zunächst möglichst alles umfassen sollte, was vorgetragen wird. Hierbei stellen sich natürlich sofort mehrere Probleme ein: Anderthalb Stunden intensiv zuzuhören und gleichzeitig alles Gesagte so vollständig wie möglich mitzuschreiben, führt erstens an die Grenze der Kondition und des Konzentrationsvermögens – ist aber ein gutes, wenn auch hartes Training: beide Vermögen wachsen schnell, Konditions- und Konzentrationsprobleme sind bald überwunden; zweitens mangelt es dem möglichst vollständigen Protokoll meist an Lesbarkeit – die Einübung in bestimmte handschriftliche Abkürzungen und Routinen lässt auch dieses Problem schon im ersten Semester geringer werden; drittens stellt sich schnell der Eindruck ein, die Mitschrift sei zwar in irgendeiner Weise vollständig, aber lasse jede sichtbare Struktur vermissen. Eine Strukturiertheit der unmittelbaren Mitschrift ist jedoch nicht notwendig, die fehlende

Nur eine Vorlesung pro Semester intensiv nacharbeiten

Ausgangspunkt: Mitschrift des Gehörten

Struktur wird in der Umsetzung der Mitschrift in einen vollständig ausformulierten selbst geschriebenen Text eingezogen.

Ein möglichst vollständiges Protokoll des Vorgetragenen ist also die Basis einer guten Vorlesungsmitschrift – nach und nach bilden sich Fertigkeiten des selektiven Hörens und Mitschreibens heraus: Das Systematische, für die Argumentation des Vortrags Zentrale lässt sich dann schon beim Zuhören vom Exemplarischen trennen. Das Systematische sollte so vollständig wie möglich protokolliert werden, das Exemplarische nur in Stichpunkten und in im Nachhinein nachvollziehbaren, reproduzierbaren Hinweisen: Akt, Szene, Vers, Kapitel, Seitenzahl und Ausgabe, Titel und ungefähre Ortsangabe. Gegebenenfalls muss man unmittelbar in der Vorlesung nachfragen! *Hören lernen*

Fallen in der Vorlesung unbekannte Begriffe oder Fremdwörter, setzt der Vortrag Allgemein- oder Spezialwissen voraus, über das man noch nicht verfügt, sollten diese Wörter und Zusammenhänge auf jeden Fall notiert werden – entweder ergibt sich in der Vorlesung selbst die Möglichkeit der Nachfrage, spätestens aber zu Hause am Computer, bei der Umsetzung des Protokolls in die Mitschrift, sollten diese Begriffe und dunklen Stellen nachgeschlagen oder aufgeklärt werden: Diese Informationen dürfen ruhig in der Vorlesungsmitschrift ihren Platz finden. *Nacharbeiten: Begriffe und Kontexte*

Die Ausarbeitung der Mitschrift sollte in größtmöglicher zeitlicher Nähe zur Vorlesung erfolgen – es wäre also sinnvoll, sich schon bei der Stundenplanung für ein Semester etwa den Nachmittag nach einer Vormittagsvorlesung ganz freizuhalten oder wenigstens einige Abendstunden. Das ausführliche Protokoll sollte unbedingt in den Computer geschrieben werden: Die Mitschrift kann dann, wie schon angedeutet, Textbausteine für spätere schriftliche Hausaufgaben und Referate bereitstellen, die einfach in die neue Datei kopiert und gegebenenfalls redaktionell eingepasst werden müssen. *Zeitfenster für die Vorlesungsmitschrift*

Für die Vorlesungsmitschrift gilt grundsätzlich: So schnell wie möglich ist das so umfassend wie möglich Mitgeschriebene in eine saubere Form zu bringen.

Bei dem Versuch, eine Vorlesung auf das Intensivste mitzuschreiben, wird sich schon während des ersten Semesters, in welchem man diesen Versuch macht, herausstellen, dass man im Laufe der Zeit ganz anders zuhört und mitschreibt:

– Man wird sehr schnell nicht mehr alles mitschreiben, sondern feststellen, dass man zügig gelernt hat, selektiv zuzuhören, selektiv mitzuschreiben. Eine Vorlesung hat immer Anteile systematischen Wissens, Fakten des Grundwissens sowie zentrale Schritte der vorgetragenen Argumentationsabfolge – und diese müssen natürlich möglichst vollständig mitgeschrieben, nachvollzogen und dann bearbeitend umgesetzt werden;
– Daneben bietet eine Vorlesung eine große Fülle exemplarischen Materials, das die Professorin oder der Professor präsentiert, um das Argument zu illustrieren, zu verdeutlichen, um eine These zu stützen o. Ä. Dieses exemplarische Material muss natürlich nicht in seiner Fülle protokolliert werden in dem Sinne, dass die Exempel narrativ ausgestaltet werden, sie müssen vielmehr nur benannt und aufgelistet werden – allerdings in der Form, dass sie im Nachhinein, auch sehr viel später noch, identifizierbar und erinnerbar im Blick auf das Argument bleiben;
– Diese Differenz zwischen systematisch-argumentativem Gerüst und exemplarischem Material des Vorlesungsvortrags muss schon beim Hören erkannt und realisiert werden: Was ist zentrales Argument und was ist lediglich Exkurs, Abirrung, Parenthese in Klammern oder Gedankenstrichen o. Ä.? (Solche Parenthesen, oft frei gesprochen und in Abweichung vom Manuskript der Vorlesung, enthalten häufig die interessantesten Gedanken: Hier wird am Material das schon Fertige weitergedacht, hier wird ins Unreine gesprochen, hier werden oftmals interessante Anknüpfungspunkte für spätere eigene Arbeiten angedeutet – gerade solche Exkurse sollte man auch immer notieren, wenn ein derart interessanter Aspekt erscheint: unter Umständen ergibt das schon Stoff für eine I d e e n - k a r t e i .)

Zur Warnung: Falls eine Vorlesung, wie mittlerweile an vielen Universitäten üblich und äußerst sinnvoll, digital aufgezeichnet und über an Universitäten gebräuchliche Lernplattformen wie Blackboard- oder Moodle bzw. ein anderes System als Podcast zum Nachhören zur Verfügung gestellt wird, ist es im Rückblick auf das eben Gesagte völlig unsinnig, am heimischen Rechner die Vorlesung vom Podcast aus Wort für Wort mitzuschreiben. Die Verführung dazu ist zwar groß, denn man kann die Aufnahme ja beliebig stoppen und weiterlaufen lassen – die Lerneffekte, die sich sowohl im Hinblick auf das selektive, strukturierte wie strukturierende Zuhören als auch im Blick auf die Notwendigkeit, das Mitgeschriebene selbst zu ordnen und in eine argumentative Folge zu bringen, einstellen können, würden damit allerdings vollständig verschenkt. – Die Podcasts dienen lediglich zum Nachhören einer Vorlesung, die man etwa aus Krankheitsgründen verpasst hat – und natürlich dazu, die ein oder andere Stelle noch einmal durchzuhören, wenn man sich im Blick auf das selbst Mitgeschriebene unsicher ist, was da eigentlich gesagt wurde.

Ebenfalls zur Warnung: Falls eine Vorlesung, wie mittlerweile leider ebenfalls an vielen Universitäten üblich, nur aus der frei gesprochenen oder abgelesenen und etwas ausführlicheren Kommentierung umfangreicher Power-Point-Folien besteht, liegt erstens streng genommen gar keine Vorlesung vor, hochschuldidaktisch ist dieses Verfahren auf jeden Fall höchst zweifelhaft. Zweitens vernichten die umfangreichen Folien, die dann auch noch zum Download bereitgestellt werden, nachgerade alle sinnvollen und guten Lernmöglichkeiten in der Vorlesung. Das Beste wäre, man ignorierte die Folien, machte seine Mitschrift, als gäbe es keine Folien, und arbeitete sie, wie oben erläutert, am eigenen Schreibtisch aus: Erst dann ist das Wissen als selbst Durchgearbeitetes im eigenen Kopf angelangt – und die oben genannten Fertigkeiten des professionellen Hörens und des wissenschaftlichen Schreibens übten sich ein.

Argumen-
tation der
Vorlesung
wichtiger
als Bei-
spiele

Bei der Abfassung der Mitschrift hat der Nachvollzug der systematischen Argumentation der Vorlesung absoluten Vorrang. Beispiele können in beliebiger Ausführlichkeit entweder nur zur Erhellung angedeutet, zur Illustration zitiert, in der Universitäts- oder eigenen Bibliothek nachgeschlagen und in die Mitschrift eingefügt werden – sollten aber immer im Bezug auf den jeweiligen systematisch-argumentativen Schritt der Vorlesung hin geordnet werden. So ergibt sich schnell ein Text von drei bis sechs Seiten Mitschrift pro Vorlesungstermin, am Ende des Semesters also ein gutes ›Buch‹ gewissermaßen ›halb‹ aus eigener Feder.

Sachlicher
Stil

Der Stil der Vorlesungsmitschrift sollte grundsätzlich – und damit ist die Mitschrift Modell für praktisch alle schriftlichen Arbeiten im Studium – sachlich sein: Der literaturwissenschaftliche Gegenstand der Vorlesung selbst wird ausformuliert, unter vollständigem Verzicht auf ›Regiebemerkungen‹, darauf, den Vorgang des Vortrags selbst zu thematisieren. Formulierungen wie »Der Vortragende begann«, »ließ offen« sollen vermieden werden, die Einleitungsinformation »Die Vorlesung begann mit …« ist völlig überflüssig. Interessant ist grundsätzlich nicht der Vorgang selbst, sondern die Sache, über die der Vortrag handelt, der Gegenstand in der in diesem Vortrag spezifischen Anordnung der Argumente, die in der Mitschrift möglichst deutlich reproduziert werden soll.

Ebenso wenig hat die subjektive Perspektive des bzw. der Zuhörenden Platz in der Darstellung dieser Sache, der Vorgang des Zuhörens wird nicht protokolliert. Der eigene, auch subjektive Zugang zum Vortrag steckt in dem eigenständigen, schriftlichen Umsetzen des Gehörten, nicht darin, dass man oft »Ich« sagt. Auch die Ersetzung des »Ich« durch »Die Protokollantin«, »Verf.« o. Ä. bietet überhaupt keine Abhilfe, sondern lediglich die vollständig sachbezogene Ausformulierung der Mitschrift.

Beispiel

Einleitung und erstes Argument stehen sachlich formuliert am Anfang des Protokolls – ein Beispiel aus der eigenen Schublade:[2]

---

2 Da dieses Beispiel tatsächlich und wortwörtlich aus der eigenen Schublade stammt, mögen ihm die Ungeschicklichkeiten des Stils nachgesehen werden –

1. Der Stellenwert des Romans

In der Zeit Goethes kam der literarischen Form ›Roman‹ zunächst ein sehr geringer Stellenwert zu, der Roman wurde als minderwertig angesehen, besonders was seine ›Ästhetik‹ – im weitesten Sinne –, seinen Inhalt und seinen lesersoziologischen Status angeht. Er wurde angesehen als zunächst nur Gegenform zu Tragödie und Versepos, auch war ihm nicht, wie den eben Genannten, das Glück einer langen Tradition beschieden. Auch fehlte ihm, was die traditionellen Genres ausmachte, ein gegebenes Formprinzip. ›Roman‹ war eher ein Sammelbegriff für unstrukturierte Prosastücke von großer Länge, volkssprachlich verfasst (»langue romane«).

Romane waren unterschiedlichen Charakters und unterschiedlicher Herkunft ...

(Universität GH Essen, Sommersemester 1983, Jochen Vogt: »Der klassische Goethe«, Vorlesung am 13. Juli 1983: »*Wilhelm Meisters Lehrjahre* – Roman der bürgerlichen Gesellschaft«)

Insgesamt lässt sich sagen, dass die Abfassung von Vorlesungsmitschriften schon in einem intensiven Sinne einführt und einübt in wissenschaftliche Darstellungs- und Formulierungsverfahren. Die Vorlesungsmitschrift darf damit als E i n ü b u n g i n w i s s e n s c h a f t l i c h e s S c h r e i b e n gelten. Und zwar im Fall der Vorlesungsmitschrift mit einem großen Startvorteil gegenüber der schriftlichen Hausarbeit: Das Was des Schreibens ist unfraglich, das steht ja auf dem handgeschriebenen Protokollbogen, fraglich ist lediglich das ›Wie‹ des Schreibens. Um dieser Einübungsfunktion gerecht zu werden, sollte die Vorlesungsmitschrift immer ausformuliert werden. Der Gegenstand des Vortrags sollte nicht stichpunktartig zusammengefasst werden, sondern in ganze Sätze und ganze Absätze überführt werden – und zwar solche, die ganz deutlich, selbst für einen dritten Leser, miteinander verbunden sind. Diese

Vorlesungsmitschrift: Einübung in wissenschaftliches Schreiben

zumal der Text unmittelbar in die (mechanische Schreib-)Maschine geschrieben ist.

Verbindung zwischen einzelnen Absätzen, d. h. zwischen den argumentativ-systematischen Schritten des Vortrags und, gegebenenfalls, den zugehörigen Beispielen, kann erst in der ausformulierten Vorlesungsmitschrift hergestellt werden. Die Vorlesungsmitschrift ist also die erste Einübung ins Herstellen eines kohärenten, d. h. einen Argumentationszusammenhang insgesamt wiedergebenden, geschlossenen Textes.

Systematischer Nachvollzug Argumentation

Die Konzentration auf das Wie des Schreibens bei der Vorlesungsmitschrift bedeutet zunächst den Versuch, die Logik der Argumentation der Vorlesung selbst nachzuvollziehen: Warum hat die Professorin oder der Professor dieses Argument auf das vorige folgen lassen, wie lässt sich diese Argumentfolge verstehen? Die Logik dieses fremden Argumentationsaufbaus muss nun sprachlich umgesetzt werden: Eine Mitschrift ist die produktive Rezeption eines wissenschaftlichen (Vortrags-)Textes einerseits und andererseits die Einübung in sprachliche ›Verbindungskunst‹: Jeder Text, der im Studium zu schreiben ist, muss immer diese Scharnierstellen aufweisen zwischen zwei aufeinander folgenden Argumenten, zwischen systematischen und exemplarischen und exkursorischen Anteilen, Verbindungsstellen, die den argumentativen Stellenwert des nun gegenwärtigen und des folgenden Abschnitts immer wieder deutlich machen.

Diese ›Verbindungskunst‹ ist tatsächlich das schwierigste Geschäft des wissenschaftlichen Schreibens, es muss von Anfang des Studiums an geübt werden – und am besten übt es sich da, wo man sich über den Gegenstand des Schreibens und die Reihenfolge der Präsentation im Einzelnen längst nicht so viele Gedanken machen muss wie über die Art und Weise der sprachlichen, argumentativen Umsetzung: also in der Vorlesungsmitschrift (vgl. dazu Kap. 3.5 b).

Positive Effekte der Vorlesungsmitschrift

Die Effekte der Vorlesungsmitschrift, zusammenfassend gesagt, sind also gleichermaßen sachliche, auf den literaturwissenschaftlichen Gegenstand bezogene, und methodische, wissenschaftliche Fertigkeiten betreffende:

1. Ein großer und für das Fach zentraler Bereich strukturierten Wissens wird in dreifacher Aneignung erworben: im Zuhören, Mitschreiben und Nacharbeiten.

2. Die Vorlesung regt an, Anschlüsse auszumachen: Man kommt während der Arbeit an der Mitschrift, beim Aufsuchen der Beispiele ins Blättern und Lesen, gerät also in erste Bekanntschaft mit noch unbekannten Texten und Sachverhalten, entdeckt vielfältig Interessantes.

3. Man praktiziert wissenschaftliches Schreiben in einer prototypischen Einübungsform: Über den Gegenstand selbst muss man sich weniger Gedanken machen, der steht mehr oder weniger geordnet in der Mitschrift; wichtig sind lediglich der Nachvollzug der systematischen Anordnung der Argumente sowie deren explizite sprachliche Reproduktion. Man muss nicht nur verstanden haben, wie die Professorin bzw. der Professor den Vortrag geordnet hatte, sondern muss die richtige sprachliche, syntaktische, stilistische Form finden, um diese Systematik wieder zum Ausdruck zu bringen. Das Wie wissenschaftlichen Schreibens ist also zentraler Übungsgegenstand der Vorlesungsmitschrift, deren Effekt die wachsende Souveränität im Umgang mit wissenschaftlicher Sprache und Terminologie, in sachlicher Darstellung systematischer und illustrativer Beiordnung exemplarischer Anteile ist.

Eine Vorlesungsmitschrift ist demnach Wissens- und Fertigkeitsvermittlung, ist Einübung in konzentriertes und nach und nach selektives Zuhören und in wissenschaftliches Schreiben, in sprachlich umgesetzte Argumentationslogik und wissenschaftlich-sachlichen Stil. Die Fertigkeiten aber, die über die Wissensvermittlung hinaus eingeübt werden, haben schon einen grundsätzlichen berufspraktischen Bezug: Es ist schlichtweg kein Beruf im kulturellen oder journalistischen Bereich denkbar, in welchem nicht das strukturierende wie selektive Zuhören sowie die knappe oder auch ausführliche und verständliche Umsetzung des Gehörten vorausgesetzt wird – in der Dramaturgie ebenso wie im Presse- oder Fachreferat großer Institutionen oder Unternehmen, im Verlag oder als schreibender Journalist.

Berufspraktischer Bezug

2.3 Seminarmitschrift:
Verlaufsprotokoll und Ergebnis- oder Thesenprotokoll

Die Seminarmitschrift, die nur für den ›Eigengebrauch‹ gedacht ist, muss nicht in einer derart intensiven Weise erarbeitet werden wie die Vorlesungsmitschrift. Seminare setzen, wie ja schon im ersten Abschnitt dieses Kapitels (vgl. S. 13 f.) erläutert worden ist, eine intensive Vorbereitung voraus, die Lektüre der Primärtexte und gegebenenfalls die Einarbeitung in das größere Themengebiet der Veranstaltung.

Selbstverständnis des Seminars

Seminare sind Lehrveranstaltungen, in denen nicht so sehr eine große Fülle an Wissen kompakt vermittelt werden soll, sondern in denen unmittelbar am konkreten Gegenstand weniger Texte, die allen Seminarteilnehmern bekannt sein sollten, in Moderation durch die Dozentin oder den Dozenten und in Seminardiskussion und -gespräch ein intensives Verständnis dieser Texte erst erarbeitet werden soll. Das Wissen, das hier vermittelt wird, ergibt sich vielfach erst in der gesprächsweisen Auseinandersetzung mit dem Text, Grundwissen wie etwa Epochenzusammenhänge wird entweder vorausgesetzt oder in knappen Dozenten- oder Studierendenvorträgen eingebaut; im Seminar werden neuartige Textbeobachtungen ermöglicht, die Kenntnis des literarischen Gegenstandes sowie analytische oder textbeschreibende Fertigkeiten werden erprobt und vertieft, die Diskussion und die intensivere Beschäftigung mit dem Text ergeben Denkanstöße und Anschlussmöglichkeiten für eigene Ideen.[3]

3 ›Seminare‹, die fast ausschließlich auf (oft anderthalbstündigen) Referaten von Studierenden (meist auch noch über Sekundärliteratur) basieren – und die leider immer noch zur Realität an den Universitäten gehören –, werden in dieser Darstellung prinzipiell nicht berücksichtigt. Sie sind fast grundsätzlich didaktische Katastrophen und haben einen den Gegenstand wie das Interesse und den Spaß an der Sache tötenden Effekt. Sie wären im Prinzip protokollierbar wie eine Vorlesung – meist lohnt sich der Aufwand aber nicht angesichts der zu breitausgetretenen Referatsgegenstände und vor allem angesichts der Tatsache, dass kaum ein solches Referat in der Lage ist, seine Zuhörer(innen) auch nur eine halbe Stunde zu interessieren.

Es versteht sich daher von selbst, dass es unmöglich ist, solche Seminare in der gleichen Weise zu protokollieren wie Vorlesungen. Die wichtigste – inhaltliche – Regel für die Seminarmitschrift ist, alles zu notieren, was wichtig, neu, interessant, wissenswert erscheint – und zwar durchaus sowohl an den Rand des besprochenen Textes als auch in die Seminarmappe oder den Schreibblock. Wesentliches neues Hintergrundwissen für das Verständnis einer Textpassage – deren genauen Ort im Text man selbstverständlich anmerken sollte – oder eines Gesamttextes gehört ebenso dazu wie die verschiedenen Argumente, die in der Diskussion über den Gegenstand von Seiten der Dozentin, des Dozenten oder von Seiten der Mitstudierenden vorgebracht werden. Werden nach einer Diskussion die verschiedenen Standpunkte von der oder dem Lehrenden geordnet zusammengefasst, lohnt es sich natürlich, diese Bündelung des Gesprächs zu notieren. Weiterführende Informationen etwa zu Sekundärliteratur (mitsamt genauen bibliographischen Angaben), Lesetipps aus dem literatur- oder gattungsgeschichtlichen Umfeld des Primärtextes gehören selbstverständlich in die Seminarmitschrift – ebenso wie eigene Ideen zum Gegenstand oder auch zu sich möglicherweise anschließenden Lektüren.

Protokollierung des Wissenswerten, Neuen, Interessanten

Die zweite wichtige Regel für die Seminarmitschrift betrifft deren Form: Die unmittelbar im Seminar niedergeschriebenen Notizen sollten so lesbar und übersichtlich sein, dass die Rekapitulation zumindest der Ergebnisse einer Seminarsitzung im Nachhinein möglich ist. Das setzt einerseits voraus, dass man auf keinen Fall versucht, so viel wie möglich mitzuschreiben, sondern aus der Seminardiskussion die wesentlichen Argumente und Gesprächsgegenstände herauszufiltern; wie bei der Vorlesung ist also selektives Zuhören gefragt – allerdings auf einer höheren, komplexeren Ebene: Argument und Gegenargument, unterschiedliche Standpunkte, Informationswissen, Ideen und Anregungen müssen implizit bewertet, ausgewertet und sofort niedergeschrieben werden. Gleichzeitig sollte auch bei der Mitschrift unmittelbar im Seminar eine übersichtliche Struktur, etwa eine Absatzgliederung, eingefügt werden: Geht das Gespräch von einer Romanpassage zu einer zweiten über, löst ein kurzer Vortrag ein Seminargespräch ab, so erlaubt das einen Absatz, vielleicht sogar sofort eine

Ordnung und Lesbarkeit des Protokolls

27

Überschrift in der Mitschrift. So könnte etwa die Übertitelung einzelner Abschnitte auf die entsprechenden Textstellen verweisen, andernfalls könnte z. B. eine Anmoderation von Dozentin oder Dozent, jetzt seien einige vertiefende Ausführungen zum Roman im 18. Jahrhundert nötig, die eine Kommilitonin vorbereitet habe, sowohl in einen neuen Abschnitt mit neuer Überschrift überführt werden.

Verlaufs-
protokoll

Seminarmitschriften, die auf die dargestellte Weise versuchen, in zwar selektiver, doch insgesamt auf Vollständigkeit bedachter Weise die Chronologie einer Seminarsitzung wiederzugeben, heißen Verlaufsprotokolle. Solche Verlaufsprotokolle sind die normalen Ergebnisse der direkten Mitschrift in der Veranstaltung, deren Lesbarkeit und Übersichtlichkeit immer von der Komplexität und Übersichtlichkeit der Sitzung selbst abhängen – meist aber für ihre Verfasser nachvollziehbar sind und bleiben. Sie sind also Protokolle für den Eigenbedarf. Ihr Nachteil ist, dass sie oft zu lang und im Extremfall unübersichtlich werden, da sie auch viele Exkurse und Digressionen der Seminardiskussion protokollieren, deren eigentliche systematische Zweitrangigkeit sich erst im Nachhinein herausgestellt hat, ihr großer Vorteil aber ist, dass sie die verschlungenen Wege der Diskussion bis zu einem Ziel hin dokumentieren, dass sie gerade auch in jenen Exkursen und Abirrungen diejenigen Anteile der Diskussion enthalten, die das Seminar erst richtig spannend gemacht haben: Anregungen, Ideenansätze, eigentlich kreatives oder wildes Denken, zum Teil höchst hypothetische oder gewagte Deutungsperspektiven von Mitstudierenden oder Dozent(in), also Stoff für die Ideenkartei.

Ergebnis-
protokoll

Von diesem Verlaufsprotokoll ist grundsätzlich das Ergebnis- oder Thesenprotokoll zu unterscheiden. Dieses wird meist nicht für den Eigenbedarf verfasst, sondern als schriftliche Arbeitsaufgabe im Seminar und zur Verteilung an alle Seminarteilnehmer. Hier werden die handschriftlichen und teilweise ungeordnet wirkenden Notizen aus der Seminarsitzung am Computer umgearbeitet; das Ergebnisprotokoll weist auf den textlichen, literaturgeschichtlichen oder -theoretischen Gegenstand der entsprechenden Seminarsitzung hin und fasst die informativen Ausführungen von Mitstudierenden oder Dozent(in) sowie die Ergebnisse der Diskussion in aller Kürze und thesenartig zusammen. Dabei fallen natürlich alle interessanten Exkurse und Anregungen ebenso weg wie die Wege, die die Diskussion bis zu ihrem Ziel gegangen ist. Solche Ergebnisprotokolle sind vor allem dann dienlich, wenn sie am Beginn einer Seminarsitzung den Stand der Auseinandersetzung mit dem Gegenstand aus der vorigen Sitzung wiedergeben und damit den unmittelbareren Anschluss ermöglichen.

Für Ergebnisprotokolle, die maschinenschriftlich verfasst und an alle Seminarteilnehmer ausgegeben oder über den Moodle-Kurs zur Verfügung gestellt werden sollen, gelten hinsichtlich des Stils wiederum die gleichen Regeln wie für die Vorlesungsmitschrift:

Stil des Ergebnis-protokolls

- sie sind sachbezogen zu formulieren,
- Regieanweisungen, die nur auf den Vorgang der Diskussion oder eine Aussage abzielen, und Ausdrücke subjektiver Wahrnehmung oder Regungen sind prinzipiell zu vermeiden,
- das Darstellungstempus ist grundsätzlich Präsens,
- erforderlich sind natürlich darüber hinaus Angaben zu Seminar, Sitzungsdatum und Name der Protokollantin bzw. des Protokollanten.

3. Schriftliche Hausarbeit

> »Bei der Lektüre geistreicher Bücher erhalten wir viele Gedanken, und
> je länger wir über sie nachdenken, desto weniger sind wir imstande, alle
> Vorstellungen, die sie enthalten und erwecken, zusammen zu fassen.
> Immer entwischt uns eine große Menge derselben und immer kommen
> neue zum Vorscheine und wir schwimmen wie in einem Meer von Ge-
> danken.«

(Johann Adam Bergk, *Die Kunst zu denken. Ein Seitenstück zur Kunst,
Bücher zu lesen*, Leipzig 1802, S. 172)

Schriftliche Hausarbeiten, Referate und alternative Textsorten – die
alle irgendwann im Laufe eines Studiums auf Studierende eines literaturwissenschaftlichen Faches zukommen – verlangen natürlich jeweils
ganz unterschiedliche Präsentationsstrategien. Die Vorbereitungs-
und Erarbeitungstechniken aber, die das zu präsentierende Material
erst zugänglich machen und aufbereiten, sind im Prinzip in allen Fällen gleich (allenfalls ergibt sich eine je unterschiedliche Gewichtung).
In jedem Fall müssen allgemeinere und Hintergrundinformationen
zum Gegenstand der Arbeitsaufgabe recherchiert werden, ebenso bibliographische Angaben zur Forschungslage; die intensive und eigenständige Erarbeitung eines literarischen Textes ist ebenso verpflich-
tend wie die systematische Erarbeitung anderer Textlektüren aus der
Sekundärliteratur; das erarbeitete vielstimmige Material muss stets in
eine bestimmte Anordnung auf ein Darstellungsziel hin gebracht werden (Disposition und Konzeption); immer muss schließlich ein Text
erstellt werden – ganz gleich ob lang oder kurz, ob zur schriftlichen
oder mündlichen Präsentation –, der das eigene Verständnis und die
Deutungen Dritter in einen produktiven Dialog miteinander bringt.
All diese Erarbeitungs- und Aneignungstechniken werden im Folgenden an der Großform literaturwissenschaftlichen Arbeitens vorge-
führt, der schriftlichen Hausarbeit.

Schriftliche Hausarbeiten sollen folgende Ansprüche erfüllen:

- Sie sollen nachweisen, dass die Verfasserin oder der Verfasser in der Lage ist, mit den Handwerkszeugen der Literaturwissenschaft und der Textanalyse einen eigenständigen Zugang zu einem literarischen Text, einer literarischen Gattung oder einer literaturwissenschaftlichen Fragestellung zu erarbeiten;
- Sie sollen nachweisen, dass die Verfasserin oder der Verfasser in der Lage ist, je nach Themenstellung aus entsprechenden Quellen notwendiges oder hilfreiches Kontextwissen aus Sozial-, Ideen-, Mentalitäts-, Medien-, Rezeptions-, Gattungs- oder Literaturgeschichte erstens aufzufinden, zweitens zu erarbeiten und drittens in einen sinnvollen Dialog mit dem literarischen Text und der eigenständigen Fragestellung zu bringen;
- Sie sollen nachweisen, dass die Verfasserin oder der Verfasser in der Lage ist, die Forschungs- oder Sekundärliteratur zu dem jeweiligen literarischen Text, der literarischen Gattung oder literaturwissenschaftlichen Fragestellung erstens aufzufinden, zweitens zu erarbeiten und drittens in einen sinnvollen Dialog mit der eigenständigen Erarbeitung des Gegenstandes zu bringen;
- Sie sollen nachweisen, dass die Verfasserin oder der Verfasser in der Lage ist, die Ergebnisse der eigenen Texterarbeitung, der Quellenarbeit und der Erarbeitung der Sekundärliteratur in einer gedanklich, argumentativ, sprachlich und formal ansprechenden und angemessenen Form schriftlich darzustellen.

Anspruch der wissenschaftlichen Hausarbeit

Exemplarisch werden den folgenden Ausführungen zwei (in diesem Falle) fiktive, aber im Studium der germanistischen Literaturwissenschaft durchaus denkbare Themenstellungen zugrunde gelegt: »Bildungsroman oder Roman über Bildung – Die Bildungsthematik in Goethes *Wilhelm Meisters Lehrjahre*« und »Leitmotive von Klopstocks Ode *Das Landleben / Die Frühlingsfeyer*«.

Vor aller inhaltlichen Beschäftigung mit dem Gegenstand der schriftlichen Hausarbeit oder des Referats muss zunächst der Computer vorbereitet werden: Es wird ein eigener Dateiordner angelegt mit dem

Vorbereitung des Computers

Titel »Hausarbeit Wilhelm Meister«. Alle Dateien, die im Zusammenhang mit dieser Arbeit entstehen, werden nach und nach unter eindeutiger Namensgebung in diesem Ordner abgelegt – die Ergebnisse der eigenen Arbeit werden also an einem Ort gebündelt. Die folgenden Ausführungen werden an den entsprechenden Stellen immer wieder darauf verweisen, wann, wie und wo der neu entstandene Text unter welchem Dateinamen abzuspeichern ist.

Sicherheits-
kopien
erstellen!

> **Achtung:** Von größeren Texten, die bei Vorbereitung etwa einer schriftlichen Hausarbeit entstanden sind, sollten aus Sicherheitsgründen immer Sicherheitskopien auf USB-Sticks, Speicherkarten, externen Festplatten oder in einer *cloud* erstellt werden. Die elektronische Speicherung von Daten ist zwar im Normalfall sicher – dringende Hausarbeiten oder gar Abschlussarbeiten sind aber nie der Normalfall: Gerade hier häufen sich aus unerfindlichen Gründen Datenverluste, Löschungen ganzer Dateien oder Ordner, Totalausfälle der Computer oder, 12 Stunden vor Abgabe der Arbeit, Druckerkatastrophen.

3.1 Bibliographieren, Informationsbeschaffung

Die ältere Schule literaturwissenschaftlichen Lehrens – mit der Studierende auch heute noch unter Umständen konfrontiert werden – hat lange Zeit den Standpunkt vertreten, man könne keine Seminararbeit, kein Referat o. Ä. über einen Text schreiben, wenn man nicht vorher alle oder zumindest alle wichtige Sekundärliteratur zu diesem Text gelesen habe. Das ist natürlich zunächst angesichts der (vor allem am Beginn des literaturwissenschaftlichen Studiums noch ununterscheidbaren) Menge an Forschungsliteratur zu einem literarischen Text unpraktikabel bis unsinnig – man käme bei vielen Beispielen der Literaturgeschichte selbst nach langer Lesezeit noch nicht im Entferntesten zu einem Überblick über die Forschungsergebnisse. Darüber hinaus – und das ist von größerem Gewicht – setzt diese Arbeitsweise einen Arbeitsschritt an die erste Stelle, der eigentlich erst an nachgeordneter Position zu stehen hat: Die

Erarbeitung der Sekundärliteratur macht erst nach der Erarbeitung des Primärtextes Sinn, diese Letztere muss immer den Ausgangspunkt der Arbeit darstellen – zu frühzeitige Beschäftigung mit der Sekundärliteratur behindert einerseits die Textwahrnehmung (bei der Primärtextlektüre), wäre andererseits völlig unstrukturiert, da erst der erarbeitete Primärtext die Fragen zu stellen ermöglicht, unter deren Blickwinkel dann die Forschungsliteratur gelesen werden kann.

Ausgangspunkt: Die eigenständige Erarbeitung des literarischen Textes

Es stellt sich natürlich die Frage, warum dann in der Abfolge der in diesem Teil versammelten Kapitel das Bibliographieren an erster Stelle steht, warum es der Arbeit am Primärtext vorausgeht. Erstens ist das Bibliographieren noch lange nicht das Erarbeiten der Sekundärliteratur, sondern zunächst nur das Sichten möglicher Sekundärliteratur zu einem Text, einem Thema – die Erarbeitung ausgewählter Forschungsbeiträge folgt dann der intensiven und strukturierten, schon in Textbeschreibung bzw. -analyse und Arbeitshypothese mündenden Primärtextarbeit. Wenn man bibliographiert hat, hat man noch lange nicht gelesen – und nach der Bibliographierarbeit sollte auch die Forschungsliteratur noch nicht gelesen werden, möglicherweise hat man die Texte noch gar nicht besorgt, gekauft, entliehen oder kopiert. Ergebnis des Bibliographierens ist zunächst eine meist umfängliche Liste von Sekundärliteratur, aus deren Titel man sich Informationen, analytische Studien, Interpretationsvorschläge o. Ä. zum Text oder Thema verspricht. – Diese Liste lässt sich allerdings auswerten und erzeugt damit im Hinblick auf die strukturiertere Lektüre des Primärtextes möglicherweise schon bestimmte Lesevoraussetzungen im Kopf, indem einige Titel etwa die Aufmerksamkeit auf ein bestimmtes Motiv, eine Figur, eine Darstellungsweise im Text lenken. Darauf wird allerdings später noch einzugehen sein.

Arbeitsaufträge, Texte und Themen zu literaturwissenschaftlichen Hausarbeiten oder Referaten können im Hinblick auf die Menge der zunächst bibliographierbaren Literatur stark differieren. So stellt eine Bibliographie etwa zur »Bildungsthematik in Goethes *Wilhelm Meisters Lehrjahre*« wahrscheinlich eine prinzipiell unabschließbare Liste von Aufsätzen und Büchern dar, während diejenige etwa zu »Friedrich Leopold Graf zu Stolbergs *Elegien*« oder gar zu einer einzigen von ih-

Je nach Thema: Unterschiedliche Ergiebigkeit der Literaturrecherche

nen sehr kurz sein wird – wenn es überhaupt einen Text gibt, der sich – schon vom Titel her – speziell damit beschäftigt. Beide Beispiele dürfen als paradigmatisch für die normale Seminararbeit gelten – beide Extreme kommen nicht sehr viel seltener vor als eine mittelgroße bibliographische Sammlerausbeute.

Die Suche nach Angaben zur Forschungsliteratur zu einem bestimmten Thema ist längst nicht erschöpft mit der bloßen Recherche in Datenbanken und Fachbibliographien – diese erfolgt ganz zum Schluss. Darum ist das Bibliographieren auch eine nicht so ganz einfache Aufgabe und schon gar nicht nur mit einem Computer zu erledigen. Die folgenden Hinweise beginnen mit der Suche nach bibliographischen Angaben in nicht speziell bibliographischen Nachschlagewerken, Handbüchern und Fachmonographien – einerseits, um auch hier Angaben zur Forschungsliteratur zu finden, andererseits aber, um zunächst einmal eine größere Menge Informationen zusammenzutragen – Informationen zu Autor oder Gattung, Werk und Epoche, über die möglicherweise der Zugang zu einschlägiger und weiterführender Forschungsliteratur gewonnen werden kann.

Suche nach Hintergrundinformationen   Die Suche nach Hintergrundinformationen und das Bibliographieren zum Gegenstand der Arbeit sind eigentlich zwei Arbeitsschritte in einem – viele Quellen für bibliographische Angaben lassen sich eben auch oder sogar vordringlich zur Hintergrundrecherche nutzen. Gleichwohl sollten die recherchierten Angaben schließlich in zwei verschiedene Dateien in dem für die Hausarbeit angelegten Dateiordner münden: Im Ordner »Hausarbeit Wilhelm Meister« wird eine Datei mit dem Namen »Hintergrundinfo« angelegt, ebenso eine mit dem Namen »Bibliographie 1« – die Nummer erhält die letztere Datei, weil sie nur die roheste Version der Bibliographie enthält, nur die Sammlung von Angaben zur Forschungsliteratur, die noch lange nicht die Arbeitsbibliographie für die Hausarbeit selbst darstellt. Während der Recherche in der Instituts- oder Universitätsbibliothek (wenn man sie nicht ohnehin mit einem Laptop oder Tablet erledigt) werden die aufgefundenen Hinweise, Informationen und Angaben handschriftlich notiert; eine bestimmte und strenge Ordnung ist nicht notwendig, umso wichtiger ist es allerdings, bei jeder Notiz Quelle und genauen Ort anzugeben, denn diese Angaben sind später für den Nachweis der Quelle unabdingbar. Diese handschriftlichen Notizen können dann später in die beiden Dateien übertragen werden.

Mögliche oder obligatorische Quellen für Informationen zu Dichter, Werk und Gattung, zu Themengebiet, literaturgeschichtlichem Hintergrund und gleichzeitig auch für erste bibliographische Hinweise können Literaturlexika, Literaturgeschichten, Epochen-, Gattungs- oder Autor-Monographien und schließlich die Fachbibliographien sein. Im Folgenden werden einige der wichtigsten Nachschlagewerke, Handbücher und Monographien aufgeführt, die Bibliographie im Anhang dieses Bandes gibt, ohne vollständig sein zu können, weiterführende Hinweise.

Lexika, literaturwissenschaftliche Nachschlagewerke

Literaturlexika informieren erstens allgemein über Schriftstellerinnen und Schriftsteller, ihre Biographie und den literarhistorischen Hintergrund, über Gattungsbegriffe, Epochen und diesen jeweils zuzuordnenden Konzepten usw. Zweitens verweisen die größeren Literaturlexika immer auf einschlägige Forschungsliteratur: Wenn die bibliographischen Anhänge in Literaturlexika auch oft nur knapp sind, bietet sich hier doch der Ausgangspunkt zu einer Bibliographie größeren Umfangs, zumal wenn die Thematik der literaturwissenschaftlichen Arbeit mit einem theoretischen oder Sachkomplex der Literaturwissenschaft verbunden ist (z. B. »Bildungsroman«, »Ode«, »Antikerezeption« oder »Erzählerfiktionen«). *(Literatur-lexika)*

Der erste Schritt auf der Suche nach Informationen zum Gegenstand ist also der Blick ins Literaturlexikon. Das empfehlenswerteste verfügbare Lexikon ist das große 15-bändige *Literaturlexikon,* das Walther Killy zwischen 1988 und 1993 herausgegeben hat: Die Bände 1–12 befassen sich mit »Autoren und Werken deutscher Sprache«, die Bände 13 und 14 sind »Begriffen, Realien, Methoden« gewidmet, Band 15 enthält ein Gesamtregister der Personen, Titel anonym erschienener *(Walther Killy (Hrsg.): Literatur-lexikon)*

35

Werke und Sachbegriffe. Der breite Raum, den die Verfasserinnen und Verfasser der einzelnen Artikel zur Verfügung haben, erlaubt einerseits differenziertere Skizzen zu Autorinnen und Autoren, zu Werken und ihren Entstehungszusammenhängen; vor allem die Sachartikelbände enthalten ausführliche Einführungen in größere Komplexe der literaturwissenschaftlichen Kategorien. Killys Lexikon ist zwar nicht mehr ganz neu, dennoch präsentieren die in den bibliographischen Anhängen angegebenen weiterführenden Literaturhinweise zu einem guten Teil wesentliche Forschung zu dem jeweiligen Gegenstand (auch erhältlich als CD-ROM in der »Digitalen Bibliothek«, über manche Uni-Bibliotheksserver wird auch ein online-Zugang zur Verfügung gestellt).

Literatur-
wissen-
schaftliche
Sachlexika

Reine Sachlexika der Literaturwissenschaft sind

– Gero von Wilperts *Sachwörterbuch der Literatur* (8., verbesserte und erweiterte Auflage, Stuttgart 2001),
– das *Metzler-Literatur-Lexikon*, von Günther und Irmgard Schweikle begründet, in 3., überarbeiteter Auflage herausgegeben von Dieter Burdorf, Christoph Fasbender und Burkhard Moenninghoff (Stuttgart 2007),
– und Volker Meids *Sachwörterbuch zur deutschen Literatur* (Stuttgart 2001).

Ähnlich wie die Sachbegriffsbände des *Killy*, jedoch mit einerseits einer viel größeren, praktisch die gesamte Terminologie des Faches erschließenden Anzahl der Artikel und andererseits, jenem geschuldet, einer viel stärker raffenden, knappen Präsentation, sind die drei Lexika für die erste Bekanntschaft mit einem Fachbegriff und auch für einen ersten Zugang zu Forschungsliteratur geeignet. Das *Metzler-Literatur-Lexikon* behandelt allerdings in den meisten Fällen die Fachbegriffe in einem methodisch viel höher reflektierten Sinne, ist also vorzuziehen.

Vorsicht ist bei allen Sachlexika allerdings immer geboten – die Definitionen, die dort präsentiert werden, sind in hohem Maße abgeleitet von einer Fülle literarhistorischen o. ä. Materials, sind also immer Hilfskonstruktionen zur Ordnung, Klassifizierung und Bewältigung des Gegenstandsbereichs der Literaturwissenschaften oder, anders gesagt, geben Durchschnittswerte einer ganzen Gruppe literarischer Phänomene an, deren je einzelnes zwar in gewissen Punkten mit der Definition übereinstimmt, aber in vielen (oder den meisten Hinsichten) über diese hinausgeht.

Zur Warnung: Definitionen eignen sich niemals als erster Zugang zu einem Text, sie beschneiden die Textwahrnehmung von vornherein auf unzulässige Weise, indem sie per definitionem Wahrnehmungsraster im Kopf der Leserin und des Leser etablieren, die möglicherweise alles Individuelle des Textes wie auch des Lesezugangs zum Text wegschneiden. Das Ergebnis solcher definitionsgeleiteter Textzugänge erschlägt meist durch äußerste Langeweile: Am Text wird bestätigt gefunden, was bei Wilpert, Burdorf/Fasbender/Moenninghoff oder Meid steht – und das ist weder Literaturwissenschaft noch auch nur eine Lektüre, die vom Spaß am Text und von eigenem Entdecken gekennzeichnet wäre.

Sinnvoll kann es auch sein, einen Blick in *Kindlers Neues Literatur-Lexikon* zu werfen, das Walter Jens 1988–98 herausgegeben hat und das durch die Datenbankenservices praktisch jeder Uni-Bibliothek online eingesehen werden kann. Dieses umfassende Lexikon der Weltliteratur enthält keine Informationen zu Autoren, literaturwissenschaftlichen Sachbegriffen oder literaturgeschichtlichen oder -theoretischen Zusammenhängen; unter dem Autor(innen)namen sind lediglich die für wichtig erachteten Texte der oder des Betreffenden behandelt. Der *Kindler* bietet zwar, im Hinblick auf die Texte, jeweils nur eine knappe Wiedergabe des Stoffs mit einigen interpretierenden oder den Text in die Literatur- oder Gattungsgeschichte oder aber in eine Theoriediskussion einbettenden Bemerkungen, jeder Artikel aber schließt mit einem bibliographischen Anhang, der ebenfalls (allerdings mit Vorsicht) am Ausgangspunkt der bibliographischen Recherche zu Rate gezogen werden kann. Die interpretierenden Skizzen in den einzelnen Artikeln sind in der Regel nicht geeig-

Kindlers Neues Literatur-Lexikon

net, um den Ausgangspunkt eines Zugangs zu einem Text zu bilden; das Lexikon ist also nur bedingt zitierfähig! Gesetzt den Fall, die intensive, eigenständige und im Dialog mit der aktuellen Forschung erhärtete Deutung kommt zu einem Ergebnis, das der skizzenhaften Interpretation im *Kindler* nachgerade entgegengesetzt ist, so ist natürlich diese Position zitierbar als eine, die, da sie, wohl auch aufgrund der gebotenen Kürze, Bestandteile des Textes schief, unter unzureichender Berücksichtigung bestimmter Hintergründe oder Sachverhalte im Text o. Ä. zweifelhaft deutet, zur Abgrenzung der eigenen These dienen kann.

Speziallexika   Eine kleine Gruppe von Speziallexika widmet sich literarischen Motiven und Stoffen oder gar einzelnen Autoren: Die mittlerweile wegen des lange ignorierten Antisemitismus der Verfasserin durchaus kritisierten, in der Sache aber nutzbaren Lexika Elisabeth Frenzels, *Motive der Weltliteratur* (^{6}2008) und *Stoffe der Weltliteratur* (^{10}2005), geben in »Längsschnitten«, so jeweils der Untertitel, zu einzelnen Einträgen vielfältige Hinweise auf andere literarische Texte sowie einige Hinweise auf Forschungsliteratur. Lexika zu einzelnen Autoren sind selten – allerdings erschienen zum Goethe-Jahr 1999 gleich zwei: Gero von Wilperts *Goethe-Lexikon* gibt im Anschluss an viele Artikel einige bibliographische Hinweise, das *Metzler-Goethe-Lexikon* verfügt anstelle der Einzelbibliographien über eine reichhaltige Einführungsbibliographie am Schluss des Bandes.

Autorenhandbücher   Nahezu erschöpfend sowohl in ihrer Informationsfülle und im Blick auf ihre bibliographischen Anhänge als auch in Hinsicht auf Textdarstellung, -deutung und Forschungsgeschichte sind Autorenhandbücher, wie sie Helmut Koopmann etwa zu Schiller und Bernd Witte (u. a.) zu Goethe in den vergangenen Jahren vorgelegt haben.[4] Hier

4 Bernd Witte / Theo Buck / Hans-Dietrich Dahnke / Regine Otto / Peter Schmidt (Hrsg.), *Goethe-Handbuch*, Bd. 1: *Gedichte*, Stuttgart/Weimar 1996, Bd. 2: *Dramen*, ebd. 1997, Bd. 3: *Prosaschriften*, ebd., Bd. 4.1: *Personen, Sachen, Begriffe. A–K*, ebd. 1998, Bd. 4.2: *Personen, Sachen, Begriffe. L–Z*, ebd., Erg.-Bd.: *Chronologie, Bibliographie, Karten, Register*, ebd. 1999; Helmut Koopmann (Hrsg.), *Schiller-Handbuch*, Stuttgart 1998. – Vgl. beispielsweise auch Hartmut Binder, *Kafka-Handbuch*, Bd. 1: *Der Mensch*

wird in eine größtmögliche Zahl von Texten des jeweiligen Autors in ausführlichster Weise eingeführt, die biographischen und literaturgeschichtlichen Zusammenhänge sind reich illustriert, die Gattungs- wie die Forschungsgeschichte eines Textes wird gründlich referiert und kommentiert. Darüber hinaus finden sich zu allen Artikeln umfangreiche Bibliographien, die eine weitergehende Suche fast unnötig erscheinen lassen.

Allgemeine Lexika oder Enzyklopädien reichen meist selbst zur Erstinformation nicht aus. Das Gleiche gilt für elektronische Lexika wie etwa die *Microsoft Encharta* und v. a. *wikipedia*, da hier, wie etwa in Kleinversionen des Brockhaus, die Informationen stark verkürzend und ohne weiterführende Hinweise dargeboten werden – sie sind nicht zitierfähig. Bei *wikipedia* besteht insbesondere das Problem, dass für das in einem kollektiven Prozess entstehende und weitergeführte ›Nachschlagewerk‹ keine Qualitätskontrolle existiert: Es gibt durchaus sehr gut recherchierte, gut geschriebene Einträge (die man getrost zitieren könnte) – aber auch solche, die keinem Qualitätskriterium Genüge tun. Und da man das den Artikeln nicht ansehen kann, ist das Ganze nicht zitierfähig. – Im Gegensatz dazu sind die großen, insbesondere die historischen Ausgaben des Brockhaus und von Meyers Konversationslexikon oft nicht ersetzbare, ja unschätzbare (und damit zitierfähige!) Quellen: Wenn etwa in Fontanes *Irrungen, Wirrungen* (1888) einzelne Figuren die Berliner Stadtlandschaft durch die Brückenbögen der S-Bahn hindurch wahrnehmen, lässt sich in Meyers Konversationslexikon von 1905 ff. sehr genau (und zudem noch gut illustriert) der Stand des Ausbaus der S-Bahn im Berlin kurz vor der Jahrhundertwende nachvollziehen!

Allgemeine Lexika, Konversationslexika

und seine Zeit, Bd. 2: *Das Werk und seine Wirkung*, Stuttgart 1979; Helmut Koopmann (Hrsg.), *Thomas-Mann-Handbuch*, Stuttgart 1990; Jan Knopf, *Brecht-Handbuch*, Bd. 1: *Theater*, Stuttgart 1980, Bd. 2: *Lyrik, Prosa, Schriften*, ebd. 1984.

Literaturgeschichten, Epochenmonographien

Abgesehen von den bibliographischen Hinweisen, die den bisher zu Rate gezogenen Werken entnommen werden, sammelt man am besten auch die kleinsten Informationen zu Autorin oder Autor, zu Werk oder Gattung, zu literatur-, geistes- oder sozialgeschichtlichem Hintergrund, die nutzbar erscheinen auf dem Wege zu einer Erarbeitung des literarischen Gegenstandes – praktischerweise schon unter bestimmten Schlagworten, um sie später leichter wiederzufinden. Diese Informationen über Autorin oder Autor, über einen Text und seine Gattung sind immer auch Informationen zu einem bestimmten Abschnitt der Literaturgeschichte, seinen Besonderheiten und literarischen Strömungen, die niemals vollständig unter das Dach einer ›Epoche‹ zusammengefasst werden (können). Autorin oder Autor stehen immer in einem spezifischen Verhältnis zu diesen Strömungen: So hat sie bzw. er etwa eine literarische Bewegung mit initiiert, ist auf einer Welle mitgeschwommen oder hat wesentliche Erweiterungen oder Veränderungen einer solchen Strömung bewirkt, oder vielleicht schließt der zu betrachtende Text die Strömung eher ab.

Historische Kontextinformationen

Zur Warnung: Wie Gattungsbegriffe sind auch Epochenbezeichnungen nur Hilfskonstruktionen zur Ordnung, Klassifizierung und Bewältigung des Gegenstandsbereichs der Literaturwissenschaften; Begriffe, die meist nur einen ganz kleinen Bestandteil der literarischen Produktion eines bestimmten Zeitabschnitts erfassen: Beispielsweise gehört die meiste Literatur, die zwischen 1788 und 1805 erschienen ist, in keiner Weise zu dem, was gewöhnlich mit dem Namen »Weimarer Klassik« als Literatur dieses Abschnitts bezeichnet wird. Besser wäre ohnehin die Bezeichnung »Weimarer Klassizismus«. Selbst vieles von Schiller und vor allem Goethe aus dieser Zeit lässt sich zudem gar nicht dem Begriff des Klassizismus zuordnen!

Den Zugang zu solchen Informationen können Literaturlexika niemals in ausreichender Fülle bieten. Hier muss vielmehr die zweite große Quellengruppe für Hintergrund- und bibliographische Informationen ins Mittel treten: die Literaturgeschichten. Diese sind meist vielbändige (und damit in der Regel in Bibliotheken aufzusuchende) Werke, die u. a. dadurch für gezielte Fragestellungen im Hinblick auf eine konkrete Hausarbeit sehr gut nutzbar sind, insofern sie Register der Personen, Sachen und oft auch der zitierten oder behandelten literarischen Werke enthalten. Damit erweist sich die Suche nach Autorinnen oder Autoren, nach z. B. Gedichtformen in einer bestimmten Epoche oder auch nach einem konkreten Einzeltext in dieser Literaturgeschichte als einfache Übung. An den jeweils angegebenen Stellen im Text finden sich einerseits – wie schon in den oben erwähnten Nachschlagewerken – Einzelinformationen oder deutende Hinweise zum Text, wichtiger aber ist das gesamte Kapitel um diese Einzelinformation herum, das in einem umfassenderen Sinne einführt in die Geistes- oder Sozialgeschichte einer Zeit, einer literarischen Bewegung o. Ä., in deren Kontext der zu behandelnde literarische Text steht. Wie oben geschildert, sind natürlich auch diese Informationen herauszuschreiben, am besten direkt in den Rechner einzugeben mitsamt Verschlagwortung und Quelle. Darüber hinaus geben alle modernen Literaturgeschichten – die ja meist das in zum Teil lebenslanger Arbeit mehrerer Autoren zusammengetragene Wissen ganzer Wissenschaftszweige darstellen – vielfältige Hinweise auf die Deutungsgeschichte eines Textes und damit auf die Forschung, weisen also auf eine größere Anzahl einschlägiger Forschungsbeiträge hin und ordnen sie in ihren forschungsgeschichtlichen Zusammenhang ein. Literaturgeschichten sind also immer auch Quellen bibliographischer Angaben.

 Unter den aktuellen großen Literaturgeschichten sind zwei zu nennen, die aus unterschiedlichen methodologischen Perspektiven geschrieben sind: Die *Geschichte der deutschen Literatur von den Anfängen bis zur Gegenwart* von Helmut de Boor und Richard Newald und *Hansers Sozialgeschichte der deutschen Literatur*. Der erste Band der *Geschichte der deutschen Literatur* von de Boor und Newald erschien schon 1949, die Einzelbände wurden seitdem entweder immer

Literaturgeschichtliche Darstellungen

wieder überarbeitet und aktualisiert oder aber durch ganz neu geschriebene Bände, sogar in neu bemessenen Epochenschritten, ersetzt. Diese Literaturgeschichte bietet, vor allem in den neueren Bänden, die ausführlichste und auch für die avancierteren Forschungsvorhaben ausreichende Informationsfülle, und bei aller gebotenen Kürze wurde die bei Abfassung der Bände gegebene aktuelle Forschungslage doch intensiv eingearbeitet. Alle Bände weisen eine reiche Bibliographie und ein Personenregister auf, sodass die Brauchbarkeit und die Nutzbarkeit beim Zugang zu bibliographischen Informationen gegeben ist. Die Literaturgeschichtsschreibung bei De Boor / Newald argumentiert ideengeschichtlich, d. h., sie stellt literarische Phänomene vor dem Hintergrund großer philosophischer, ideengeschichtlicher Bewegungen – etwa Aufklärung, Empfindsamkeit, Philhellenismus – oder religiöser Strömungen – wie Gegenreformation oder Pietismus – dar.

Ideengeschichte der deutschen Literatur

Zu dieser ideengeschichtlichen Argumentation in einer Literaturgeschichte gibt es eine mindestens ebenso schätzenswerte Alternative: die von Rolf Grimminger begründete 12-bändige *Hansers Sozialgeschichte der deutschen Literatur* (1980 ff.). Literarische Phänomene werden hier eben nicht auf einem philosophischen, ideen- oder religionsgeschichtlichen Hintergrund erläutert, Literatur wird vielmehr zurückgebunden an gesellschaftliche Ereignisse und Bewegungen, an Sozialstrukturen und Ideologien. Das heißt natürlich, dass hier zum Teil andere Informationen über die Autorin oder den Autor, über den Text und die einschlägige Forschung und damit auch unter Umständen andere bibliographische Hinweise zu erlangen sind: Aufsätze und Bücher über die großen ökonomischen und sozialgeschichtlichen Hintergrundbewegungen der Literatur in ihrer Geschichte. *Hansers Sozialgeschichte* weist in jedem einzelnen Band eine ausgreifende Gesamtbibliographie auf, ein Personen-, Werk- und Sachregister, das den gezielten Zugriff auf das versammelte Wissen erleichtert.

Sozialgeschichte der deutschen Literatur

Die *Propyläen Geschichte der Literatur* (1981–84) beschränkt sich nicht auf die deutsche Literatur, sondern thematisiert eher große, oft gesamteuropäisch auftretende epochale Erscheinungen – wie etwa den Geniegedanken im 18. Jahrhundert. Zwar bedingt diese weltliterari-

Geschichte der Weltliteratur

sche Orientierung eine radikale Verknappung der Darstellung einzelner Texte und Autoren, leistet darum aber gerade in der Darstellung die Literaturen einzelner Sprachen weit überschreitender Phänomene Beispielhaftes.

Eine gute einbändige und empfohlene Literaturgeschichte ist die von Wolfgang Beutin (u. a.) verantwortete *Deutsche Literaturgeschichte. Von den Anfängen bis zur Gegenwart* (8., aktualisierte und erweiterte Auflage Stuttgart/Weimar 2013). In der Darstellung großer historischer Zusammenhänge liefert sie vor allem auch wegen ihrer hohen Anschaulichkeit ausreichende Informationen zu Autoren und Epochen, für die bibliographische Recherche ist sie allerdings praktisch nicht zu nutzen. Alternativ dazu kann auch die noch knapper darstellende *Neuere deutsche Literaturgeschichte* von Benedikt Jeßing (3., überarbeitete Auflage Tübingen 2015) für die studentische Handbibliothek erworben werden.

Einbändige Literaturgeschichten für die eigene Bibliothek

Ohne ihre Benutzung völlig ausschließen zu wollen, muss an dieser Stelle eine Warnung ausgesprochen werden vor der unproblematisierten und nicht ausdrücklich reflektierten Nutzung älterer oder sehr alter Reallexika, Handbücher und Literaturgeschichten: Abgesehen von ihrer Unbenutzbarkeit für die bibliographische Recherche enthalten sie eine Fülle überholter wissenschaftlicher Einstellungen und Einschätzungen bestimmten Autoren und Werken gegenüber, sind aus längst der Kritik anheimgefallenen (und meist unreflektierten) methodologischen Perspektiven geschrieben und bringen bis in ihren Stil hinein ein höchst problematisches Erhabenheitspathos mit sich, das sich auch in die eigene Arbeit einschleicht, wenn man sich dieser Gefahr nicht bewusst ist – Das gilt auch noch für viele Werke aus den 1950er und 1960er Jahren!

Neben den bisher vorgestellten Nachschlagewerken und großen Handbüchern gibt es eine im Blick sowohl auf Hintergrundinformationen als auch auf bibliographische Angaben vorzüglich nutzbare große Gruppe literaturwissenschaftlicher Werke: die meist nicht so umfäng-

Epochen-, Gattungs- und Auto- ren-Mono- graphien

lichen (und deswegen oft preisgünstigen) Epochen-, Gattungs- und Autoren-Monographien. Hier werden in zumeist kleinerem Umfang Werk und Biographie einer Autorin oder eines Autors in Deu- tung und Forschungsgeschichte vorgestellt, die zeit-, philosophie- und literaturgeschichtlichen Implikationen eines Epochenbegriffes ausge- faltet oder die Geschichte einer literarischen Gattung von ihrem (mög- licherweise antiken) Ursprung bis in die Gegenwart verfolgt. Hans- Georg Kempers sechsbändige *Deutsche Lyrik der frühen Neuzeit* (Tü- bingen 1987–2002) ist gewiss mit Blick auf die Fülle des sozial- und literaturgeschichtlichen Materials und einzelner Textdeutungen ein im besten Sinne extremes Beispiel einer Epochenmonographie, vorzüg- lich in diesem Sinne sind auch Detlef Kremers in der Sammlung Metz- ler erschienene *Prosa der Romantik* (Stuttgart/Weimar 1997) oder Pe- ter-André Alts Metzler-Lehrbuch *Aufklärung* (3., aktualisierte Aufla- ge, Stuttgart/Weimar 2007) – dem wiederum Detlef Kremers Lehrbuch *Romantik* gefolgt ist (4., aktualisierte Auflgabe, Stuttgart/Weimar 2015). Autorenmonographien liegen vor allem in der Sammlung Metz- ler (etwa Benedikt Jeßing, *Johann Wolfgang Goethe*, Stuttgart/Wei- mar 1995) und bei Reclam (Hartwig Schultz, Clemens Brentano, Stutt- gart 1999) vor. Alle diese Typen der Monographie verfügen über große bibliographische Anhänge, in denen die wichtigste Literatur zum Ge- genstand zusammengestellt ist – sehr oft mit dem unschätzbaren Vor- teil, dass ein Teil dieser Sekundärliteratur schon im forschungsbericht- lichen Teil des Bandes in seinen Hauptargumenten vorgestellt wird.

Dasjenige, was aus den bisher herangezogenen Quellen, den Lexika und den Literaturgeschichten, den Handbüchern und unterschiedli- chen Monographien, bereits herausgeschrieben wurde, ergibt auf der einen Seite eine mehr oder weniger dichte Fülle an kleinen Informatio- nen zu Autorin oder Autor, Text und Gattung, literatur- und sozialge- schichtlicher Einordnung usw., auf der anderen Seite eine immer stär- ker wachsende Bibliographie, Angaben zu Texten und Büchern, die sich genau mit dem zu behandelnden Gegenstand und seinem Umfeld be- fassen – oder von denen vom Titel her zu vermuten ist, dass sie es tun.

Neben diesen Nachschlagewerken, Monographien und Kompen- dien gibt es eine Reihe speziell bibliographischer Recherchemöglichkeiten. Die erste ist fast banal: In großen historisch-kritischen Ausgaben eines literarischen Werkes (oder des Gesamtwerkes einer Autorin, eines Autors) findet sich stets ein ausführlicher bibliographischer Anhang, in welchem die wichtigsten Forschungsbeiträge zu den Texten im Band zusammengestellt sind. Nachteilig ist hier, dass solche Ausgaben natürlich nicht ständig aktualisiert werden können und damit nur im Einzelfall tatsächlich aktuelle bibliographische Angaben enthalten. Bibliographische Informationen in Werkausgaben

Gleiches gilt auch für große Autoren- oder Epochenbibliographien. So liefert beispielsweise die von Hans Pyritz begründete, von Heinz Nicolai und Gerhard Burkhardt fortgeführte zweibändige *Goethe-Bibliographie* eine Auswahlbibliographie 1832–1964 (Heidelberg 1965–68). Bis zum Ende des Auswertungszeitraums darf man hier wirklich umfassende bibliographische Information erwarten – für die Zeit nach 1964 muss man auf andere Möglichkeiten zurückgreifen. Etwa auf Helmut G. Hermanns – viel stärker auswählende, doch ausgezeichnete – *Goethe-Bibliographie. Literatur zum dichterischen Werk* (Stuttgart 1991) oder aber – und das gilt für jede(n) bedeutende(n) Autor(in) – auf die Bibliographien, die jeweils im Anhang zu den Jahrbüchern der Dichtergesellschaften präsentiert sind: *Goethe-Jahrbuch*, *Hofmannsthal-Jahrbuch*, *Johnson-Jahrbuch* u. a.[5] – Wie zu einzelnen Autoren gibt es auch zu Epochen Sonderbibliographien, beispielsweise die als 2. Abteilung des *Handbuchs der deutschen Literaturgeschichte* erscheinenden Epochenbände: etwa Ingrid Merkels *Barock*-Band (Bern/ München 1971).[6] Autoren- und Epochenbibliographien

Die umfassendsten und immer aktuellen bibliographischen Informationen aber bieten die Fachbibliographien. Für den Bereich der germanistischen Fächer existieren zwei: der sogenannte Eppelsheimer-Köttelwesch (*Bibliographie der deutschen Sprach- und Literatur-* Fachbibliographien BdSL

---

5 Einen vollständigen Überblick über den fast unübersehbaren Bestand an Personalbibliographien liefert Hansjürgen Blinn in seinem *Informationshandbuch deutsche Literaturwissenschaft*, 4., völlig neu bearb. und stark erw. Ausg,., Frankfurt a. M. 2001, S. 146–172.

6 Zu weiteren Epochenbibliographien vgl. Blinn, Informationshandbuch, S. 122–135.

Germa-
nistik

wissenschaft) – dessen Daten ab 1985 über die Datenbankenangebote jeder Uni-Bibliothek auch elektronisch abfragbar sind – und die Zeitschrift *Germanistik*. Der Erstere erscheint jahrgangsweise, die Letztere in vier Heften (H. 3/4 in einem Band). In beiden Publikationen wird zunächst die germanistische Forschungsliteratur des Berichtszeitraums nach Sprach- und Literaturwissenschaft unterschieden; der literaturwissenschaftliche Teil ist dann historisch angeordnet, unterhalb der Epochenbegriffe finden sich, alphabetisch geordnet, die Namen von Autorinnen und Autoren, darunter wiederum einzelne Werke, zu denen dann zunächst neuerschienene Ausgaben, schließlich aber die jüngste Forschungsliteratur aufgelistet erscheinen.

Die hier vorgestellten Datenbanken zur bibliographischen Recherche sind kostenpflichtig, d. h., dass die Universitätsbibliotheken eine Voll-Lizenz erworben haben, die von Rechnern innerhalb der Universität den unbeschränkten Zugang zu den Daten ermöglicht. Bei der BdSL etwa ist ein freier Zugang außerhalb der Universität nur beschränkt möglich, hier ausschließlich auf die Daten von 1985–2000. Zudem ist insbesondere bei der BdSL zu bedenken, dass die elektronische Zugänglichkeit nur für Daten seit 1985 gilt; für die durchaus einmal notwendige Recherche in länger zurückliegenden Jahren muss auf die Print-Version des Eppelsheimer-Köttelwesch zurückgegriffen werden (die aber in jeder Uni-Bibliothek zu finden ist).

Recherche in der *Bibliographie der deutschen Sprach- und Literaturwissenschaft* (BdSL)

Die BdSL sammelt seit annähernd 60 Jahren (1957) germanistische Literatur, d. h. Ausgaben und insbesondere Forschungsliteratur, und ist der wichtigste Zugang zu Titeln und Erscheinungsorten von Forschungsbeiträgen in Buch- und Aufsatzform.

BdSL-
Titelseite

Die Recherche ist denkbar einfach. Wenn man die Datenbank öffnet, erscheint deren Titelseite, die sofort ein Suchfeld zum Eintrag eines Suchbegriffs oder -textes enthält (hier wird nach Beiträgen zu Goethes Roman *Wilhelm Meisters Lehrjahre* gesucht):

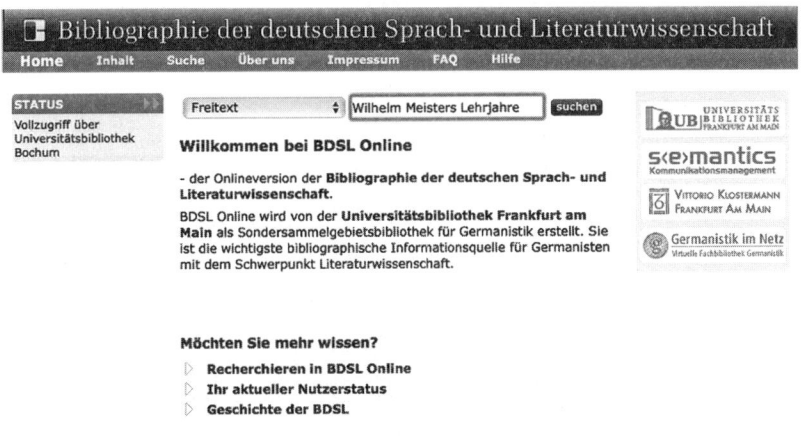

Abb. 1: BdSL-Datenbank: Titelseite und einfache Suche

Anstelle des »Freitextes« kann man im Drop-down- oder Aufklapp-Menü etwa auch nach Verfasser (des Forschungsbeitrages), Herausgeber, nach behandelter Person (hier: Goethe) oder behandeltem Werk suchen. Für einen ersten Zugriff ist, wie im Beispiel, die Suche mit dem Freitextfeld durchaus sinnvoll. Wenn man im Freitextfeld, wie oben, drei Worte einträgt (da der Romantitel ja drei Worte umfasst), werden diese automatisch mit den Operatoren ›und‹ verbunden, d. h., nur diejenigen Einträge werden nun angezeigt, die alle eingegebenen Begriffe aufweisen. Wenn man zwischen die Begriffe den Operator ›oder‹ einsetzt, werden alle Einträge mit dem ersten, alle mit dem zweiten und alle mit dem dritten Begriff angezeigt. Mit dem Operator ›und nicht‹ kann man bestimmte Begriffe aus der Suche ausschließen.

Einfache Suche

Wenn man nicht über die ›einfache Suche‹, die die Titelseite der BdSL-Datenbank anbietet, recherchieren möchte, wählt man in der Menüzeile den Befehl »Suche«. Dann öffnet sich das folgende Fenster:

Komplexe Such-funktion

Abb. 2: BdSL-Datenbank: Komplexe Suche

Hier können Freitexteinträge, konkretere Angaben etwa zu Verfasser oder Beitragstitel gemacht (und über die anwählbaren Operatoren ›und‹, ›oder‹ sowie ›und nicht‹ verbunden) werden, oder man kann, in der rechten Spalte des Fensters, den Suchbereich einschränken. Zusätzlich kann man hinsichtlich des Erscheinungszeitraums und hinsichtlich des Dokumenttyps (Monographie oder Aufsatz in einer Zeitschrift oder in einem Sammelband) Einschränkungen für die Suche vornehmen. Darüber hinaus kann man entscheiden, wie viele Einträge pro Bildschirmseite angezeigt werden sollen (standardmäßig ist »10« eingetragen, bis zu 100 Einträge sind möglich, machen das Anzeigeergebnis aber sehr unübersichtlich).

Die obige Beispielsuche mit dem Eintrag »Wilhelm Meisters Lehrjahre« im Freitextfeld erzielt folgendes Ergebnis (hier natürlich nur im Ausschnitt eines Screenshots der ersten Ergebnis-Seite):

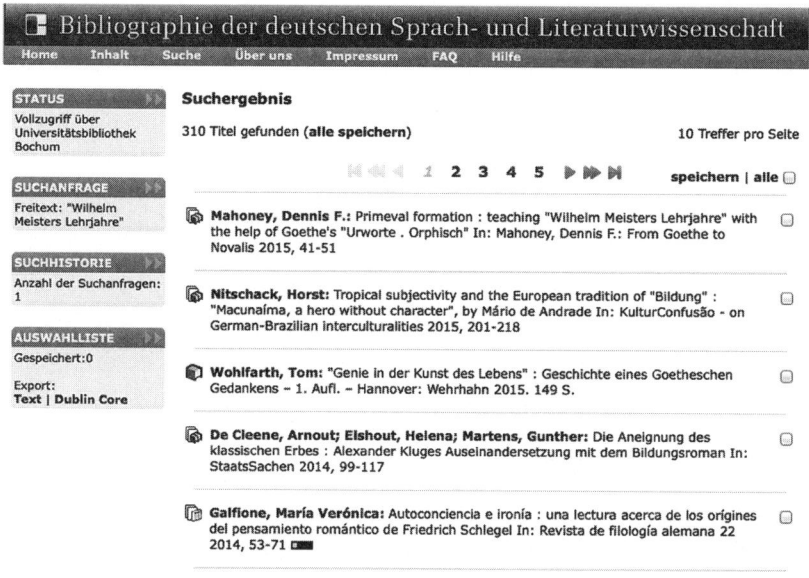

Abb. 3: BdSL-Datenbank: Ergebnisliste

Das Ergebnis sind 310 Titel unterschiedlicher Veröffentlichungstypen, welche auf 31 Seiten mit je 10 Titeln ausgewiesen werden.

Aus dieser immens großen Liste (die möglicherweise vieles enthält, das für die Themenstellung irrelevant oder in einer Sprache, die man selbst nicht spricht, verfasst ist) kann jetzt bequem ausgewählt werden: Die näher zu betrachtenden Titel werden im Kästchen ganz rechts markiert – und wenn man das auf einer Seite gemacht hat, wählt man (oben rechts) den Befehl »speichern«. So kann nun Seite für Seite durchgegangen werden; wenn die 31 Seiten mit Einträgen zu Goethes Roman entsprechend markiert, die markierten Einträge gespeichert sind, wählt man (in der linken Spalte der Seite ganz unten) »Export: Text«. Sodann erhält man eine Datei (txt-Format), in die alle markierten Titel hineinkopiert worden sind.

Allerdings kann man diese Datei nicht einfach als Bibliographie übernehmen, ja man kann nicht einmal mit allen Einträgen in der angezeigten bzw. gespeicherten Form arbeiten!

Markieren, Speichern, Exportieren

Bearbeitungsnotwendigkeit der gespeicherten Einträge aus der BdSL

Vervollstän-
digung

1. Die Einträge sind zum Teil – aufgrund der Darstellungssystematik der BdSL – unvollständig. Beispielsweise der vierte in der letzten Abbildung angezeigte Eintrag:

> De Cleene, Arnout; Elshout, Helena; Artens, Gunther: Die Aneignung des klassischen Erbes: Alexander Kluges Auseinandersetzung mit dem Bildungsroman In: Staatssachen 2014, 99–117

Die Quellenangabe »StaatsSachen 2014«, also die Angabe des Sammelbandes, aus dem der Aufsatz stammt, ist in dieser Form nicht ausreichend, um den Band in einer Bibliothek bzw. in deren OPAC aufzufinden – geschweige denn, dass ein solcher Eintrag in der Bibliographie zu einer wissenschaftlichen Arbeit stehen dürfte. Die BdSL verwendet für alle Sammelbände, die selbst auch in der BdSL als Eintrag auftauchen, ein Titelkürzel, das bei Aufsätzen aus dem entsprechenden Sammelband nur als solches unter Angabe des Erscheinungsjahres aufgeführt wird.

Hier muss nachgearbeitet werden: Zunächst klickt man den Titeleintrag »De Cleene etc.« an – und landet in einem neuen Fenster, das ausschließlich diesen Titel anzeigt, systematischer dargestellt nach den Rubriken »Verfasser«, »Titel«, »Zusatztitel«, »Erschienen in«, »Jahr« und »Seitenangabe«. Auch hier steht unter »Erschienen in« immer noch nur »StaatsSachen«. Dieser Eintrag ist allerdings ein Link auf den vollständigen Eintrag des Sammelbandes: Also wird »StaatsSachen« angeklickt und man landet auf der erforderlichen, vollständigen Angabe. Deren Angaben werden dann in die aus BdSL gespeicherte Literaturangabe eingebaut. Diese lautet dann vollständig:

Sammel-
band iden-
tifizieren

De Cleene, Arnout; Elshout, Helena; Artens, Gunther: Die Aneignung des klassischen Erbes: Alexander Kluges Auseinandersetzung mit dem Bildungsroman. In: De Winde, Arne; Maes, Sientje; Philipsen, Bart (Hrsg.): Matters of State/Staatssachen: Fiktionen der Gemeinschaft im langen 19. Jahrhundert. Heidelberg 2014, 99–117.

Die Einträge entsprechen in der Darstellung der Quelle und in ihrer Interpunktion auf keinen Fall den Erfordernissen der Bibliographie einer wissenschaftlichen Arbeit. D. h., sie müssen nach den (weiter unten noch systematisch darzustellenden) Regeln für wissenschaftliche Quellenangaben in Fußnote und/oder Bibliographie angepasst werden (vgl. unten S. 135–139). Danach würde die obige Angabe dann so aussehen:

Anpassung an den eigenen bzw. vorgegebenen Zitierstil

De Cleene, Arnout/Elshout, Helena/Artens, Gunther: »Die Aneignung des klassischen Erbes. Alexander Kluges Auseinandersetzung mit dem Bildungsroman«. In: De Winde, Arne/Maes, Sientje/Philipsen, Bart (Hrsg.): *Matters of State / Staatssachen. Fiktionen der Gemeinschaft im langen 19. Jahrhundert.* Heidelberg 2014, S. 99–117.

Neben den soeben vorgestellten Suchoptionen über die Suchfelder bietet die BdSL auch die Möglichkeit, sich über den Button »INHALT« themengebunden durch die Datenbank führen zu lassen und auch damit zu Rechercheergebnissen zu kommen.

Inhaltliche Recherche in BdSL

Eine Recherche zu Goethes *Wilhelm Meisters Lehrjahre* würde beispielsweise zunächst über die Klassifikation »Goethezeit«, dann über »Zu einzelnen Autoren« zu Goethe führen, zu dem dann allerdings fast 7000 Titel angezeigt werden, unter denen dann auch die Titel zu den *Lehrjahren* zu finden sind. Man könnte allerdings auch, für eine (durchaus oft sinnvolle) Umfeldrecherche über »Goethezeit« und über »Gattungen und Formen« schließlich zu »Epik« gelangen: Hier finden sich dann Einträge eben nicht speziell zu den *Lehrjahren*, sondern zu den narrativen Formen der Goethezeit, zu Beiträgen, die sich nicht *einem* literarischen Autor zuordnen lassen und zu Autorinnen und Autoren, die im Autorenalphabet nicht aufgeführt sind. – Dies kann für eine erste Recherche und einen allgemeinen Themenüberblick auch sinnvoll sein, sollte aber unbedingt durch eine Suche ergänzt werden, wie sie oben beschrieben wurde.

Recherche in *Germanistik* und MLA

Germanistik

Alternativ oder auch ergänzend bietet die online-Datenbank der Zeitschrift *Germanistik* ein ähnlich umfassendes Rechercheangebot. Die *Germanistik* hat zudem den Vorteil, dass sie zu wichtigen Monographien eine knappe inhaltlich skizzierende Rezension zur zusätzlichen Orientierung bereitstellt. Es lohnt sich immer, in beiden Fachbibliographien nachzuschlagen, da die Redaktionen unterschiedliche Auswahlkriterien zugrunde legen und die Angaben sich gegenseitig ergänzen.

Die Titelseite der Datenbank erlaubt wieder, wie bei der BdSL, eine Schnell- oder Freitext-Suche. Unter dem Eintragsfeld für die Freitext-Suche aber befindet sich die Schaltfläche für die »Erweiterte Suche«, die sich auf jeden Fall (ebenfalls wie bei der BdSL) empfiehlt. Es öffnet sich dann folgendes Eintragsfeld:

Abb. 4: Datenbank der Zeitschrift
***Germanistik*: Erweiterte Suche**

Das angezeigte Suchergebnis ist dann wiederum eine umfangreiche Trefferliste – je stärker man in den Eintragsfeldern der »erweiterten Suche« eingrenzt, desto schmaler, aber auch genauer passend ist das Suchergebnis. Die Trefferliste der *Germanistik* führt zunächst nur Verfassernamen und Titel des Beitrags bzw. der Monographie; beim Anklicken des Titels aber wird man auf die jeweilige Vollanzeige des Titels geführt, die neben den vollständigen bibliographischen Angaben zusätzlich auch, im Fall von Monographien, die kleine Rezension aufweist.

Eine ebenfalls elektronisch abfragbare Fachbibliographie ist die *MLA*, die Bibliographie der *Modern Language Association of North America*, die in allen Universitätsbibliotheken als Datenbank zur Verfügung steht. Grundsätzlich aber sollte die MLA niemals am Beginn der bibliographischen Recherche eingesetzt werden – allenfalls ganz zum Schluss! Die MLA versammelt Forschungsliteratur zu nahezu allen Sprachen und Literaturen der Welt, muss also viel rigoroser auswählen als etwa rein germanistische Fachbibliographien; zudem sammelt sie mit ›amerikanischem‹ Blick: Natürlich ist dann die an eigenen Universitäten betriebene Forschung näherliegend als die europäische. Die MLA sollte also grundsätzlich nur ganz am Schluss, zur letzten Vervollständigung der Bibliographie zu Rate gezogen werden.

MLA

In der Suchmaske der MLA sollten die Einträge, anders als bei den deutschsprachigen Fachbibliographien, in englischer Sprache vorgenommen werden. Wie bei BdSL und *Germanistik* ist auch hier die Möglichkeit einer erweiterten Suche gegeben. Und wie bei den beiden anderen online-Fachbibliographien wird bei der MLA nach der Suche ebenfalls eine Trefferliste angezeigt; bei einzelnen Beiträgen (Aufsätzen) gibt es hier sogar die Möglichkeit, den Aufsatz direkt aus der Bibliographie als pdf-Datei herunterzuladen (der entsprechende Link heißt dann »PDF Full Text« unten links unter dem Eintrag).

Nach diesen intensiven Recherche-Arbeiten in Lexika, literaturgeschichtlichen Darstellungen, historisch-kritischen Ausgaben und Fachbibliographien existiert also eine Datei mit mehr oder weniger ergiebigen Hintergrundinformationen zu Epoche, Autor(in) und Werk sowie

eine weitere mit einer meist ansehnlichen Liste von Angaben zur Forschungsliteratur. Diese (Dateiname »Bibliographie 1«) ist die Rohfas-
sung u. a. der späteren Arbeitsbibliographie, welche erst nach intensiver Texterarbeitung erstellt werden kann (vgl. Kap. 3.3 a).

OPAC kein
Recherche-
instrument

> Zur Warnung: Der OPAC der jeweiligen Universitätsbibliothek ist kein Re-
> chercheinstrument für die Suche nach geeigneter Literatur für eine wis-
> senschaftliche Arbeit. Der OPAC ist ›nur‹ der elektronische Katalog (Online
> Public Access Catalogue) der Bestände der Bibliothek und listet dement-
> sprechend nur auf, was dort vorhanden ist, nicht, was überhaupt zu ei-
> nem Gegenstand geschrieben wurde. Zudem führt der OPAC natürlich
> keine Aufsatztitel (in Zeitschriften oder Sammelbänden) auf, sondern,
> wenn vorhanden, den Titel von Sammelband oder Zeitschrift (aber denen
> kann man ja nicht ansehen, ob etwas für das eigene Thema Relevantes
> enthalten ist!). Der OPAC ist erst einzusetzen, wenn das bibliographierte
> Quellenmaterial tatsächlich aufgesucht werden soll.

3.2 Arbeit am Primärtext:
Primärtextexzerpt – Textbeschreibung, Textanalyse,
Verständnishypothese

Ausgangs-
punkt:
Arbeit am
Primärtext

Abgesehen davon, dass schon eine intensive bibliographische Vorbereitung stattgefunden hat, bildet die Arbeit am Primärtext immer den
Ausgangspunkt der Erarbeitung des Gegenstandes. Der Zugang zu
diesem darf nie über die Sekundärliteratur gewonnen werden, deren
Lektüre Raster im Kopf festsetzt, die die Wahrnehmung des Textes
selbst steuern und damit das Lektüreergebnis relativ vorhersagbar, im
schlimmsten Falle schematisch und langweilig werden lassen. Das Ziel
der Arbeit mit dem Primärtext lässt sich ganz einfach formulieren: Die
mehrfache Lektüre des Textes führt zu einem nach und nach immer
intensiveren Verständnis des Textes; ein Verständnis, das die Leserin
oder den Leser einerseits in die Lage versetzt, mit den eigenen Mitteln,
aus dem, was an vorgängigem Wissen aus schulischen oder akademi-

schen Zusammenhängen schon vorhanden ist, ein zugleich beschreibendes und schon analytisches Bild des Textes zu erlangen. Das heißt, der erste Schritt der Erarbeitung ist das wiederholte genaue Lesen des Textes, währenddessen die ästhetischen Gestaltungsmerkmale, Auffälligkeiten in Sprachwahl und Bildgebrauch usw. markiert bzw. notiert werden. *Wieder-holtes, genaues Lesen!*

Das Ziel dieser ersten Erarbeitung des Primärtextes kann in drei Schritten formuliert werden:

1. Textbeschreibung,
2. Textanalyse (diese hat einen Unwägbarkeitsfaktor, ist gewissermaßen nur eine Protoanalyse, da sie zunächst nur auf dem mehr oder weniger breiten Vorwissen der oder des Lesenden beruht; ihre Ergebnisse werden sich mit Sicherheit auf dem Hintergrund des späteren Wissens aus der Forschungsliteratur verändern),
3. Arbeits- oder Verständnishypothese. Letztes Ziel der Erarbeitung eines Primärtextes ist immer diese Verständnishypothese, die das Ergebnis der individuellen Lektüre und Aneignung des literarischen Textes darstellt, das begründete Resultat von Textbeschreibung und Textanalyse, eines eigenständigen, individuell lesenden Zugangs zum Text.

Jeder Lesevorgang ist nämlich immer auch davon abhängig, was Leserin oder Leser assoziieren, was auffällig oder anmerkenswert erscheint, was an der Leser(innen)-Phantasie vom Text freigesetzt wird, wie im Einzelnen die Leerstellen des Textes aufgefüllt werden. Und das Wichtigste an der Erarbeitung eines Primärtextes ist, dass man diesen nicht einfach nur liest und bei Verständnisschwierigkeiten oder scheinbarem Nicht-Verstehen sogleich die Forschungsliteratur zu Rate zieht – dann nämlich versteht man am Text nur das, was in dieser erläutert wird. Es geht hier vielmehr darum, sich durch immer intensiveres Lesen in die Lage zu versetzen, eine eigene, individuelle und eigenständige Hypothese zum Verständnis des Textes formulieren zu können.

Die Beschäftigung mit einem lyrischen Gedicht (oder einer kleinen Gedichtgruppe) hat den großen Vorteil, dass der literarische Gegenstand der Erarbeitung schon in der Menge eingeschränkt ist. Romane (wie etwa *Wilhelm Meisters Lehrjahre*) oder auch dramatische Texte (um bei Goethe zu bleiben, beispielsweise die *Iphigenie*) überschreiten auf den ersten Blick die für eine schriftliche Hausarbeit tragbare Überschaubarkeitsgrenze bei weitem. Ein derartiger ›Großtext‹ muss, je nach Aufgabenstellung und eigener Schwerpunktsetzung, mit einem ganz spezifischen Fokus reduziert werden auf eine wiederum überschaubare, handhabbare Textmenge. Ein bestimmter Ausschnitt dieses Textes soll in den Vordergrund der Beschäftigung treten, ein paar Szenen oder Figuren, vielleicht nur das erste Kapitel eines Romans, die Durchführung eines bestimmten Motivs o. Ä. Beispielsweise in Bezug auf *Wilhelm Meister* nur die Passagen, in denen Bildung und Erziehung ausdrücklich oder implizit thematisiert werden – vom Erzähler und in der Figurenrede und -reflexion (und selbst das ist schon eine Menge Text!) –, oder nur jene Passagen, in denen Frauenfiguren in Männerkleidung, mit androgynen und amazonenhaften Zügen auftauchen.

Notwendig: Zuschnitt des textlichen Gegenstandes

Beim Umgang mit einem größeren Text sollte also immer zuerst, vor aller Textbeschreibung, ein Textausschnitt, ein bestimmter Fokus gewählt werden, um eigene Vorstellungen zu entwickeln, wie das Thema eingeschränkt werden kann, ob bestimmte Passagen, Motive, Figuren, Handlungsstrukturen usw. im Text genau und relativ ausschließlich in den Blick genommen werden können; dies bedeutet eine spezifische Zurichtung des Primärtextes, die natürlich der Absprache mit der Dozentin oder dem Dozenten bedarf – erneut ist ein Sprechstundenbesuch fällig.

Sprechstunde

> Mit dieser Reduzierung des textlichen Gegenstandes auf einen relativ kleinen Umfang ist die erste große Gefahr beseitigt, der jede schriftliche Arbeit begegnet: sich am Gegenstand zu verzetteln, in der Weite eines Romans sich zu verlieren – zu der dann ja noch die Weite der Forschungsliteratur hinzukommt.

An dieser Stelle erscheint es angezeigt, einige grundsätzliche Worte über die verfügbaren, im Studium benutzbaren und in schriftlichen Hausarbeiten zitierfähigen Ausgaben literarischer Texte anzumerken. Grundsätzlich ist zu unterscheiden zwischen historisch-kritischen Ausgaben, Studienausgaben und Leseausgaben.[7] Historisch-kritische Ausgabe und Studienausgabe präsentieren beide den literarischen Text in einer zitierfähigen Fassung, da sie einerseits sehr genau angeben, welche der vom Autor bzw. von der Autorin autorisierte, d. h. zur Veröffentlichung freigegebene Fassung sie zugrunde legen: den Erstdruck, eine überarbeitete Zweit- oder Spätfassung oder die sogenannte Ausgabe letzter Hand, bzw. ob eine Handschrift zugrunde liegt. Andererseits geben beide Ausgabentypen Rechenschaft darüber, inwieweit und nach welchen Richtlinien die Editoren in die originale Orthographie und Interpunktion eingegriffen haben. Diese beiden Kriterien sind unabdingbare Voraussetzungen für die Zitierfähigkeit einer Ausgabe in einer literaturwissenschaftlichen Arbeit: Fehlen Hinweise auf die der Edition zugrunde gelegte Referenzfassung des Textes und/oder auf die Korrekturprinzipien, darf die entsprechende Ausgabe nicht benutzt werden; dies ist bei den meisten Leseausgaben der Fall.

Historisch-kritische Ausgabe und **Studienausgabe** stellen also zuallererst eine wissenschaftlich fundierte und zitierfähige Fassung des literarischen Primärtextes zur Verfügung. Darüber hinaus allerdings sind beide Ausgabentypen – jeweils in unterschiedlicher Ausführlichkeit – für die Arbeit mit dem Primärtext und seine literaturwissenschaftliche Erarbeitung sehr gut nutzbar.

(Marginalie:) Zitierfähige Ausgaben literarischer Texte

---

7 Vgl. dazu die grundlegenden Ausführungen von Bodo Plachta im ersten Kapitel seines Buches *Editionswissenschaft*, Stuttgart 1997, S. 11–26: »Editionstypen und ihre Merkmale«.

Historisch-
kritische
Ausgabe

1. **Die historisch-kritische Ausgabe** liefert in ihrem meist umfangreichen textkritischen Apparat eine Fülle von Dokumenten und Erläuterungen zum Text, die begleitend und vertiefend zu dessen Lektüre gelesen werden können oder sollen. So sind in diesem Apparat alle Fassungen des Textes ganz oder teilweise (in ihren signifikanten Unterschieden zum edierten Text) sowie Varianten einzelner Textpassagen dokumentiert, sodass sich die Arbeit des Autors bzw. der Autorin am Text selbst sehr gut nachvollziehen lässt – beispielsweise beim Ausprobieren einer bestimmten Versform bei der Umarbeitung eines Dramas von der Prosa- zur Versfassung. Darüber hinaus druckt der textkritische Apparat alle Materialien ab, die die Entstehung des Textes begleiten: Notizen, Entwürfe und Schemata, in denen der Text vorbereitet wurde, die sogenannten Paralipomena, sowie Briefe, Briefstellen und Tagebuchnotizen, in denen der Autor bzw. die Autorin sich zum entstehenden Text geäußert hat. Auch die zeitgenössische Wirkung des Textes wird umfangreich dokumentiert: Zeitungsrezensionen und andere Äußerungen von Zeitgenossen ebenso wie Briefe, die auf das Werk Bezug nehmen, werden im Apparat abgedruckt. Schließlich enthält der textkritische Apparat einen Stellenkommentar, der für die Erarbeitung des Primärtextes von größtem Nutzen sein kann: Zeile für Zeile werden etwa mythologische oder historische Anspielungen erklärt, sprach- oder literarhistorische Bezüge deutlich gemacht und sogar Hinweise auf Varianten einer Stelle bzw. Korrektur-Eingriffe des Herausgebers eingerückt. Sehr häufig weist der Apparat einer historisch-kritischen Ausgabe noch einen einführenden Essay in den biographischen und (literar)historischen Entstehungskontext des Textes, seine Form, seine Interpretationsmöglichkeiten und die Dimensionen seiner Wirkung auf; eine abschließende Bibliographie umfasst sowohl die wichtigen Drucke des Primärtextes als auch Hinweise auf weiterführende Forschungsliteratur.

Die Aufzählung dessen, was der Apparat einer historisch-kritischen Ausgabe enthält, verdeutlicht, welchen großen Dienst eine solche Edition bei der Erarbeitung des Primärtextes leisten kann.

2. Allerdings ist der Apparat einer **Studienausgabe** meist handhabbarer, da knapper und selektiver: Es soll nicht wie in der historisch-kritischen Ausgabe tatsächlich der gesamte Umfang der wissenschaftlichen Erarbeitung des Textes dokumentiert werden, sondern hier dient der Apparat der besseren Erschließung des Textes und seiner Deutung. Der Apparat einer Studienausgabe bietet entsprechend eine Auswahl der Paralipomena und Dokumente zu Entstehung und Wirkung, einen meist knapper gehaltenen Stellenkommentar, dessen Nutzen bei der Lektüre allerdings nur ungleich geringer ist als bei der historisch-kritischen Edition.

Studien-ausgabe

Literaturwissenschaftliche Arbeiten sollten also grundsätzlich auf Texte nach einer historisch-kritischen Ausgabe oder Studienausgabe zurückgreifen, da nur hier ein kritisch hergestellter Text geboten wird, da nur hier wissenschaftlich notwendige Informationen und Materialien präsentiert werden. Natürlich sind historisch-kritische Ausgaben zumal des Gesamtwerks einer Autorin bzw. eines Autors im Normalfall im Studium nicht bezahlbar, auch die Kosten vieler Studienausgaben größerer Gesamtwerke dürften das studentische Bücherbudget übersteigen. Einerseits aber gibt es durchaus eine Vielzahl historisch-kritischer Editionen oder Studienausgaben von Einzelwerken in Reclams Universal-Bibliothek bzw. einigen Taschenbuchreihen, andererseits bieten auch einige Leseausgaben neben dem puren literarischen Text wenigstens den Hinweis, welcher historisch-kritischen bzw. Studienausgabe sie folgen, sodass man bei der Arbeit mit dem Text und bei seiner wissenschaftlichen Erschließung auf den Apparat der entsprechenden Ausgabe zurückgreifen kann: Die großen historisch-kritischen Ausgaben und die Studienausgaben eines literarischen (Gesamt-)Werks finden sich auf jeden Fall in der Universitäts- oder Institutsbibliothek.

Den Text, den man zur tatsächlichen genauen Bearbeitung heranziehen möchte – das Gedicht, die dramatische Szene oder Szenengruppe, die Passagen des Romans oder der Erzählung –, sollte man am besten als Einzelseiten auf vielleicht sogar DIN A3-Blätter kopieren, sodass

Bearbei-tungs-strategie Primärtext

59

um den Text herum möglichst viel Raum für eigene Anmerkungen, Assoziationen und Erläuterungen ist.

Sodann erarbeitet man sich, im besten Falle tatsächlich Wort für Wort und Zeile für Zeile, den gesamten ausgewählten Text. In jedem Text gibt es Passagen, Wörter, Begriffe und Namen, deren Bedeutung sich dem heutigen Leser, der Leserin entzieht – weil sie aus längst verklungenen Sprachschichten stammen oder aus mythologischen Zusammenhängen, deren genaue Kenntnis nicht mehr gegeben ist. Um auf der schlichtesten Ebene, gewissermaßen der lexikalischen, überhaupt die Grundlage eines Textverständnisses herzustellen, müssen diese dunklen Stellen zunächst erhellt werden: Wörter, Begriffe und Namen werden in entsprechenden Lexika nachgeschlagen, in Bedeutungs- oder Herkunftswörterbüchern, auch und gerade in den zeitgenössischen Wörterbüchern, die zum Bildungshorizont des Autors gehörten (für das 18. oder 19. Jahrhundert Adelung, Campe, Grimm), in sprachgeschichtlichen oder mythologischen Nachschlagewerken; die Erklärung wird am Rand des Textes selbst notiert. Bei Texten von kanonisierten Autoren – wie etwa Goethe oder Schiller – hat man den Vorteil, dass historisch-kritische Ausgaben zur Verfügung stehen, in deren Kommentar schon eine Vielzahl der »duncklen Örter« eines Textes aufgehellt werden. Eine solche Edition zu Rate zu ziehen, empfiehlt sich also in jedem Fall.

*Informa-
tionsbe-
schaffung
zum Text-
verständnis*

*Online-
Lexika*

Zumindest für das 18. und 19. Jahrhundert sind zeitgenössische Nachschlagewerke in jeder Universität- und Institutsbibliothek und auch online greifbar:

– Johann Heinrich Zedler: *Grosses vollständiges Universal-Lexicon Aller Wissenschafften und Künste.* Halle und Leipzig 1732–1754, 64 Bde. & 4 Supplementbde.; online: http://www.zedler-lexikon.de
– Benjamin Hederich: *Gründliches mythologisches Lexicon.* Leipzig 1770 (Erstauflage unter dem Titel: *Gründliches Lexicon mythologicum.* Leipzig 1741; online: http://woerterbuchnetz.de/Hederich/

- Johann Christoph Adelung: *Grammatisch-kritisches Wörterbuch der Hochdeutschen Mundart mit beständiger Vergleichung der übrigen Mundarten, besonders aber der oberdeutschen.* Zweyte, vermehrte und verbesserte Ausgabe. Leipzig 1793–1801; online: http://woerterbuchnetz.de/Adelung/
- Johann Samuel Ersch/Johann Gottfried Gruber: *Allgemeine Encyclopädie der Wissenschaften und Künste.* Leipzig 1818–1889. 167 Bände und 1 Tafelband; online http://gdz.sub.uni-goettingen.de/dms/load/toc/? PPN=PPN345284054
- *Deutsches Wörterbuch* von Jacob und Wilhelm Grimm (DWB). 16 Bde. in 32 Teilbänden. Leipzig 1854–1961. Quellenverzeichnis Leipzig 1971; online: http://woerterbuchnetz.de/DWB/
- *Meyers Großes Konversationslexikon. Ein Nachschlagewerk des allgemeinen Wissens.* Sechste, gänzlich neubearbeitete und vermehrte Auflage. Leipzig und Wien 1905–1909; online: http://woerterbuchnetz.de/Meyers/
- *Brockhaus Konversationslexikon.* 16 Bde. & 1 Supplementbd. Leipzig, Berlin und Wien 1892–1897; online: http://www.retrobibliothek.de/retrobib/stoebern.html? werkid=100150
- *Goethe-Wörterbuch.* Hrsg. von der Berlin-Brandenburgischen Akademie der Wissenschaften [bis Bd. 1, 6. Lfg.: Deutsche Akademie der Wissenschaften zu Berlin; bis Bd. 3, 4. Lfg.: Akademie der Wissenschaften der DDR], der Akademie der Wissenschaften in Göttingen und der Heidelberger Akademie der Wissenschaften. Stuttgart 1978–; online: http://woerterbuchnetz.de/GWB/

Nachdem nun also auf dieser ersten, quasi lexikalischen Ebene der Text einige Aufhellung erfahren hat, sollte in einem zweiten Schritt alles, was auffällig erscheint, was der Text konnotiert, auch die abwegigst erscheinende Assoziation, auf dem breiten Rand um den Text herum notiert werden – und hier ist der lesenden Phantasie zunächst keine Grenze gesetzt! Die Plausibilität einer Assoziation, einer vielleicht auch zu weit gehenden und haarspalterisch erscheinenden Deutungsmöglichkeit eines kleinsten Textdetails o. Ä. wird erst später, im Blick auf das

Textbeobachtungen, Konnotationen, Ideen

Ganze des Textes (oder der Passage) und auch im Blick auf die Forschung zu erweisen sein, sodass man sich hier noch keinerlei Zügel anlegen muss!

Farblich
markieren!

In diesem Arbeitsschritt soll zunächst nur notiert und markiert werden, was auffällig erscheint, was ein Wissen oder eine Idee assoziieren lässt – es wird noch nicht nachgeschlagen, um etwa gewisse Textbeobachtungen analytisch oder terminologisch zu verifizieren. Am allerbesten arbeitet man hier mit unterschiedlichen Markierungsfarben: Unterschiedliche Beobachtungsebenen und -gegenstände werden farbig und/oder mit (selbsterfundenen, aber eindeutigen) Zeichen differenzierend markiert, sodass sich nach diesem intensiven Lektüredurchgang schon dem ersten Blick eine auffällige Strukturierung, Gruppierung, Verteilung im Text ergibt. Jede Beobachtungsgruppe sollte eine eigene Farbe und ein eigenes Zeichen (Unterstreichung, Umkringelung, Umkästelung) bekommen.

Je nach literarischer Gattung unterschieden – und natürlich in Abhängigkeit vom individuellen Text immer in anderer Auswahl und Fülle – lässt sich dieser immer intensiver werdende lesende Zugang zum Primärtext mit den folgenden – im Prinzip schon analytisch angelegten – Fragenkatalogen systematisieren. Die Fragen sollen einerseits einen Einblick verschaffen in das weite Feld der möglichen Auffälligkeiten im literarischen Text, die Kataloge verstehen sich andererseits aber auch als – natürlich kurz gefasste und nur ihren Beginn anzeigende – Anleitung zum analytischen Umgang mit einem Text.

Prinzipiell wird hier eigentlich davon ausgegangen, dass die literarischen Texte selbst es sind, die die Fragen, die an sie zu stellen sind, nahelegen. So wäre beispielsweise die Auffälligkeit, dass Goethes Roman *Wilhelm Meisters Lehrjahre* mehrere Frauenfiguren aufweist, die entweder ganz konkret Männerkleidung tragen oder als ›Amazone‹ bezeichnet werden, die Ursache dafür, nach einem ganz bestimmten augenfälligen Prinzip der Figurendarstellung im Roman zu fragen – insbesondere, wenn man noch hinzunimmt, dass Wilhelm Meister in seiner Kindheit von einer Episode aus Tassos *Befreitem Jerusalem* am meisten beeindruckt war, in der ein Ritter (Tancred) seine Ritterrüstung tragende Geliebte (Chlorinde) im Kampf tötet. – Nichtsdestoweniger können die folgenden Fragenkataloge ›von außen‹ hilfsweise an die Texte herangetragen werden: Sie sind Fragen, die literarische Texte nahelegen *können*.

Im Folgenden wird unterschieden nach den drei ›klassisch‹ erscheinenden Gattungen der Literatur, nach Lyrik, Dramatik und erzählender Prosa, die Fragenkataloge verdanken sich im Wesentlichen den Einführungsbänden zur Analyse literarischer Gattungen, die Wagenknecht, Burdorf und Frank, Asmuth, Pfister und Jeßing, Vogt und Martinez/Scheffel vorgelegt haben.[8] In diesen Büchern, die im Laufe eines literaturwissenschaftlichen Studiums für jede Handbibliothek angeschafft werden sollten, finden sich jene weiterführenden Informationen, mit deren Hilfe aus den differenzierten Textbeobachtungen analytische Beschreibungen und genaue terminologische Bestimmungen werden.

---

8 Natürlich wird hier nicht der Anspruch erhoben, die zum Teil äußerst differenzierten Darstellungen der genannten Autoren auch nur annähernd vollständig in einen Fragenkatalog umzuwandeln. Alle diese Kataloge sind vorläufig und notwendigerweise beliebig verlängerbar – zur intensiveren Orientierung sei auf die Bücher der genannten Autoren verwiesen: Christian Wagenknecht, *Deutsche Metrik. Eine historische Einführung*, München [5]2015; Dieter Burdorf, *Einführung in die Gedichtanalyse*, Stuttgart/Weimar [3]2015; Horst Joachim Frank, *Wie interpretiere ich ein Gedicht?*, Tübingen [6]2003; Bernhard Asmuth, *Einführung in die Dramenanalyse*, Stuttgart/Weimar [7]2009; Manfred Pfister, *Das Drama*, München [11]2014; Benedikt Jeßing: *Dramenanalyse. Eine Einführung*, Berlin 2015; Jochen Vogt, *Aspekte erzählender Prosa*, München [11]2014; Gérard Genette, *Die Erzählung*, übers. von Andreas Knop, München [3]2010; Matias Martinez / Michael Scheffel, *Einführung in die Erzähltheorie*, München [9]2012.

Fragenkatalog für erste Zugänge zu einem lyrischen Text:

Formales

Formale Aspekte

- Welche Auffälligkeiten weist die äußere Form des Textes auf?
- Ist er in Strophen eingeteilt?
- Wie lang sind diese?
- Weisen sie gleich oder unterschiedlich viele Verse auf?
- Bilden Verse im Text Reime?
- In welchem Reimschema erscheinen die Verse?
- Ist von Reimschema, Strophenzahl und -größe ausgehend eine bestimmte lyrische Form identifizierbar? Das sofortige Erkennen einer lyrischen Form (beim Sonett ist es ja noch einfach) ist allerdings nicht schlichtweg vorauszusetzen – von den formalen Merkmalen ausgehend lässt sich dann mit Hilfe der oben genannten einschlägigen Arbeitsbücher die Identifikation genauer vornehmen!
- Das Gleiche gilt für das Metrum: Kann überhaupt ein Metrum identifiziert werden?
- Wenn nicht: Wie viele Silben weist der einzelne Vers auf?
- Weisen alle Verse einer Strophe die gleiche Silbenzahl auf?
- Oder weichen diese ganz stark voneinander ab? Von der Silbenzahl ausgehend ließe sich bei einer Vielzahl von Metrums-, Vers- und Strophenformen schon eine relativ eindeutige Identifikation der Gedichtart vornehmen (wieder mit den Arbeitsbüchern) – etwa bei einer Ode sapphischer Bauart!

Wortwahl

Wortwahl, Sprachgebrauch

- Gibt es Auffälligkeiten der Wortwahl?
- Weist der Text eine signifikante Häufigkeit von Adjektiven oder Substantiven auf?
- Weist der Text in auffälligem Maße Komposita auf, evtl. sogar als Neologismen (»fernabdonnernd«, »Knabenmorgenblütenträume«)?

- Auch die kleineren Wortarten haben Aufmerksamkeit verdient: Strukturiert den Text ein auffälliger Gebrauch bestimmter Pronomen?
- Reiht er Gedanken o. Ä. aneinander oder konstruiert er mit Hilfe gezielt eingesetzter Konjunktionen ein hierarchisch gegliedertes Bild?
- Gibt es auffällige, den Text dominierende Wortfelder oder Wortfamilien (z. B. Farbbezeichnungen, Wasser-Leitmotivik bei Klopstock, bestimmte Verben des Sagens, Meinens, Denkens)?
- Ist ein Wortfeld so dominant, dass es als Leitmotiv angesprochen werden kann?
- Wenn es mehrere solcher signifikant vorkommenden Wortfamilien im Text gibt: Wie stehen diese zueinander? Ergänzen sie sich oder stehen sie zueinander in Opposition, ist das Verhältnis eher konsekutiv, d. h. auseinander resultierend – auch in der Abfolge des Textes?
- Wie sind die Wortfamilien – oder auch die oben betrachteten Wortartengruppen – im Text verteilt?
- Für Gedichte ist die Eckstellung bestimmter Wörter entscheidend: Stehen an Gedicht- oder Strophenanfang oder -ende Wörter einer Wortart, einer Wortfamilie, nimmt der Text zugunsten dieser Eckstellung sogar die Inversion der normalen grammatischen Satzgliedfolge in Kauf?
- Strukturieren diese in Eckstellung gebrachten Wörter in ihrer Abfolge das Gedicht (schon vor aller genaueren inhaltlichen Betrachtung)?

Poetische und rhetorische Figuren

Poetische Figuren

- Verwendet der Text jenseits der reinen Wortwahl und -stellung literarische oder sprachliche Bilder?
- Können diese Bilder schon rhetorisch-terminologisch genau und begründet identifiziert werden – etwa als Metapher oder Metonymie, als Pars pro toto oder Chiffre? Ist das noch nicht möglich, müssen diese Bilder markiert werden – und als Bilder identifizierbar sein durch Markierungsart und -farbe.
- Welche sprachlichen Figuren verwendet der Text – die noch keine ›Bilder‹ im eigentlichen Sinne sein müssen, paradoxale Fügungen, Ellipsen oder Inversionen, Parenthesen, Auslassungen usw.?

Perspektive

Perspektive, lyrisches Ich, Adressierung

- Gibt es ein lyrisches Ich, ein lyrisches Du oder ein Wir oder Ihr?
- Welche Perspektive hat der Text?
- Ist es eine Perspektive von innen nach innen? Beschreibt und reflektiert der Text einen Gefühls- oder Bewusstseinszustand oder drückt er diesen aus? Ist der Redegestus des Textes damit expressiv?
- Oder geht die Perspektive von innen nach außen? Nimmt der Text Außenwelt wahr, beschreibt und reflektiert sie? Ist sein Redegestus damit eher referentiell, bezieht sich die Rede des Textes also auf einen dritten Gegenstand?
- Oder aber spricht der Text gleichsam ›objektiv‹ über einen Gegenstand?
- Ist eigentlich gar keine Redeperspektive des Textes identifizierbar?
- Erzählt der Text etwas – im Falle eines lyrischen Gedichts ebenso möglich wie in Epik und Dramatik – etwa in Ballade und Romanze (episches Präteritum)?
- Oder schildert der Text etwas (Präsens)?
- Ist das lyrische Ich oder der Erzähler der Einzige, der hier spricht?
- Oder gibt es Rollenrede? Bringt das lyrische Ich bzw. der Erzähler im Text andere Figuren zum Sprechen?
- Gibt es im Gedicht Anredestrukturen? Wird der Leser angeredet? Oder jemand, der im Gedicht nur als Du existiert (»Ich bin so sanft, nenn mich Kamille«, Sarah Kirsch)?
- Ist dieses Du, dieser Adressat des Textes identifizierbar (»Bedecke deinen Himmel, Zeus«, Goethe; »Schön ist, Mutter Natur, deiner Erfindung Pracht«, Klopstock)? Wechselt der Adressat im Verlaufe des Textes? Strukturieren diese Adressatenwechsel den Text schon auf signifikante Weise?

Inhalt, Thema

Inhaltliches, Thematisches

- Wie wird im Gedicht dargestellt, was dargestellt wird?
- Wie wird Natur, wie wird Stadt, Krieg, Freundschaft, Liebe o. Ä. dargestellt?

- Wird Natur bebildert oder poetisch belebt oder aber akribisch und detailgetreu skizziert?
- Welche Position nimmt das lyrische Ich gegenüber dem, was es schildert, ein?
- Unterliegt es der ›Welt‹ oder steht es darüber, befindet es sich in einer Auseinandersetzung oder verschmilzt es tendenziell mit ihr?
- Wie sind die beobachteten und markierten Bestandteile des Textes in diesem verteilt?

Fragenkatalog für erste Zugänge zu einem dramatischen Text:

Exposition, Figuren, Figurenkonstellation

- Wie werden dramatische Figuren (meist im ersten Akt) vorgestellt (exponiert)?
- Wie werden dramatische Konflikte exponiert?
- Welche Konflikte sind in der Exposition identifizierbar?
- Sind es eher innere, psychologische, oder äußere, in der Interaktion mit anderen Figuren zum Tragen kommende Konflikte?
- Wie ist die Figurenkonstellation? Welche Figuren gehören zusammen, welche stehen gegeneinander? Wie sind die Figuren den dramatischen Konflikten zuzuordnen?
- Wie charakterisieren dramatische Figuren sich in Selbstaussagen?
- Wie werden dramatische Figuren in den Aussagen Dritter charakterisiert?
- Welche Erscheinungsformen der Figurenrede gibt es? Welche herrschen vor? Ist Figurenrede referentiell (d. h., spricht sie berichtend oder darstellend über etwas Äußeres)? Ist Figurenrede expressiv, drückt sie Gefühle, Gemütszustände, Gedanken aus? Oder ist Figurenrede appellativ, werden hier andere Bühnenfiguren oder sogar das Publikum angesprochen oder aufgefordert, etwas Bestimmtes zu tun oder zu lassen?
- Ist das Drama eher monologisch oder eher dialogisch verfasst? Wechseln Monolog und Dialog miteinander ab? An welchen Stellen und warum?

Exposition, Figuren

- Wie charakterisieren dramatische Figuren sich durch bestimmte Handlungen?
- Lösen diese Handlungen Aktionen Dritter aus oder bleiben sie folgenlos?
- Was sagt der Nebentext im Drama über eine Figur (in Regieanweisungen)?
- Wie werden die in der Exposition angedeuteten dramatischen Konflikte weitergeführt?
- Lassen sich inhaltlich grundsätzliche Bestimmungen der Konflikte ausmachen? Sind die leitenden Konflikte gesellschaftlicher Art? Können sie sozialgeschichtlich identifiziert werden? Sind die handelnden Figuren (idealtypische) Vertreter bestimmter Stände oder Klassen? Sind die leitenden Konflikte religiöser, moralischer, erzieherischer oder psychologischer Natur?

Drama-
tische
Genres

Gattungsmerkmale

- Sind typische Großstrukturen dramatischer Texte erkennbar? Wie sind Aktaufbau und Szenenfolge arrangiert? Lassen sich daraus Rückschlüsse auf die dramatische Gattung ziehen?
- Sind typische Gestaltungselemente dramatischer Texte erkennbar? Gibt es (häufig im zweiten Akt) ein erregendes Moment? Oder gleich mehrere? Gibt es Wiedererkennungsszenen (Anagnorisis) und welche Funktion haben sie? Lässt sich ein Höhe- oder Wendepunkt (Peripetie) ausmachen? Worin besteht dieser? Existieren vor der Auflösung der dramatischen Konflikte verzögernde Szenen und Handlungseinschübe, sogenannte retardierende Momente? Kommt es zu einer Auflösung des Konflikts (Katastrophe)? Worin besteht diese? Handelt es sich um einen guten (Komödie) oder schlimmen (Tragödie) Ausgang?
- Lässt sich die Form eher als geschlossen oder als offen charakterisieren?

Bühne, Raum, Zeit, Handlung

– Wie deutlich regelt der Nebentext Bühne, Spiel und Figurengestaltung?
– Welchen Nebentext gibt es außer Bühnen- und Regieanweisungen? Gibt es einen Unter- oder Zweittitel oder eine genauere Bezeichnung der dramatischen Gattung? Gibt es eine Vorrede, ein Widmungsgedicht o. Ä.? Wie ist die Liste der *dramatis personae* aufgebaut? Lassen sich daraus schon Rückschlüsse ziehen?
– Welche zeitliche Ausdehnung hat die Bühnenhandlung?
– Welche räumliche Ausdehnung hat das Bühnengeschehen?
– Werden Raum und Zeit der Bühnenhandlung erweitert durch dramaturgische Kunstgriffe wie Botenbericht, Mauerschau, Brieflektüren oder Erinnerungen einzelner Figuren? Oder bezieht sich das Drama vielleicht ganz auf eine Vorzeithandlung, die es auf der Bühne zu rekonstruieren sucht (analytisches Drama)?
– Ist die Handlung eher einsträngig konzipiert oder gibt es Neben- und Zweithandlungsstränge?

Sprache, poetische und rhetorische Figuren

– Sprechen die Figuren in Versen oder in Prosa? Wechselt der literarische Gestus der Dramensprache, wechseln Vers und Prosa sich ab? Sind bestimmte Versformen erkennbar? Wechselt das Versmaß? An welchen Stellen? Gibt es Brüche oder (gewollte) Unstimmigkeiten in der Versform?
– Fallen sprachliche oder stilistische Besonderheiten ins Auge? Auch angesichts des dramatischen Textes sind Fragen der Wortwahl, der literarischen Bildlichkeit, der Leitmotivik usw. entscheidend, wie sie zur Lyrik differenzierter skizziert wurden (vgl. S. 64 f.).
– Ist die Figurenrede stilistisch hochartifiziell oder sogar erhaben? Oder ist sie eher volkssprachlich, dialektal oder soziolektal gefärbt? Markieren solche Färbungen bestimmte Figuren als einem sozialen oder Bildungsstand zugehörig?

Fragenkatalog für erste Zugänge zu erzählerischen Texten:

Erzähler-
rolle

Fragen zu Erzähler und Erzählvorgang:

– Erzählt hier augenfällig jemand? Wie deutlich ist die Figur, die hinter
der Erzählerstimme steht, konturiert? Sind vielleicht sogar geistige und
moralische Handlungen und Einstellungen erkennbar?
– In welchem Verhältnis steht die Erzählerfigur zur erzählten Geschichte?
Handelt es sich um eine Figur, die auf der Ebene der Handlung mit-
agiert und aus der Ich-Perspektive im Rückblick erzählt? Oder stehen
Erzählinstanz und erzählte Geschichte in Distanz, getrennt voneinander? Sagt dieser distanzierte Erzähler dennoch Ich oder Wir? Kommentiert und bewertet der Erzähler Handlungen und Gedanken seiner Figuren vom Standpunkt bestimmter moralischer oder philosophischer
Haltungen aus? Spielt der Erzähler möglicherweise sogar mit seiner
Distanz zur Geschichte, ist er ironisch?
– Welche Kompetenzen hat die Erzählerfigur? Gibt sie sich mehr oder
weniger deutlich als Urheberin der Geschichte zu erkennen, gegenüber der sie eine gottgleiche Position einnimmt? Ist es ihr möglich,
unproblematisch von mehreren Orten gleichzeitig zu berichten?
Kann sie in die Innenwelten der Figuren schauen, ihre Gedanken,
Ängste, Träume und Bewusstseinsinhalte erzählen? Kann die Erzählerfigur souverän Auskunft geben über Vorgeschichte der Erzählhand-
lung oder sogar Andeutungen machen zu ihrem möglichen oder sicheren Ausgang?
– Oder aber unterliegt der Ich sagende Erzähler den gleichen Gesetzen
und Beschränkungen wie die Figuren seiner Erzählung? Ist er gebunden an Zeit und Ort, ist die Perspektive des Textes ausschließlich auf die
seine beschränkt?
– Erzählt hier scheinbar niemand? Scheinen die Gegenstände, Land-
schaften, Figuren usw. sich selbst zu erzählen? Erweckt der Text den
Eindruck, als sei die dargestellte Szene wie aus einer neutralen Kamera-
perspektive abgefilmt? Oder steckt die Kamera im Kopf einer Figur, aus
deren Sicht erzählt wird – mitsamt den Bewusstseinsinhalten dieser Figur? Wechselt die Perspektivfigur des Erzählens?

– Spricht der Erzähler seine Leserinnen und Leser an? Bezieht er sie gewissermaßen in den Erzählvorgang mit ein? An welchen Stellen geschieht dies?

– Welchen Gestus, welche Dimension und welchen Gegenstand hat die
Erzählerrede? Arrangiert der Erzähler eher, wie in einer Regieanwei-
sung, Räume und Szenen, in denen dann seine Figuren zu Wort kommen und handeln? Veranstaltet er selbst Rückblicke, berichtet er, stellt
er ausführlich historische Kontexte dar? Oder erörtert er moralische
oder weltanschauliche Fragen, die ihm angesichts einer gerade erzählten Episode »einfallen«? Fasst er ausladende Dialoge oder Monologe
skizzenhaft zusammen, gibt er ganze Geschehensabläufe raffend in hohem Tempo wieder?

– Wie lässt der Text seine Figuren zu Wort kommen? Herrscht direkte
Rede vor, gleichsam die dramatischen Redeformen referentieller, ex-
pressiver und appellativer Monolog- und Dialoganteile? Oder wird Figurenrede öfter in indirekter Rede wiedergegeben? Wie lässt der Text
die Bewusstseinsinhalte seiner Figuren zu Wort kommen? Als erlebte
Rede, inneren Monolog oder als Bewusstseinsstrom?

– In welchem Verhältnis stehen Erzählerrede und Figurenrede zueinander? Ersetzt die Figurenrede vielfach den Erzählerbericht, der nur die
Szenen bereitstellt, in denen die Figurenrede die erzählte Welt konstituiert? Oder dominiert der Erzählerbericht, der dann und wann seinen
Figuren das Wort erteilt? Gibt es Figuren, die selbst wieder zu Erzählern
werden, also anderen Figuren etwas erzählen?

– Baut der Erzähler Textsorten alltäglicher Kommunikation gleichsam als
schriftlich gewordene Figurenrede ein (Brief, Tagebuch, Telegramm, Ak-
tennotiz o. Ä.)? Integriert er in den Text Bruchstücke medialer Kommunikation (Zeitungsausschnitte, Film- und Radiosequenzen, Werbe-
slogans o. Ä.)?

– Sind in den Text Anteile anderer, nicht erzählender literarischer Gattungen eingebaut (Gedichte, Lieder oder auch wie dramatische Szenen
wirkende Dialog- und Handlungssequenzen)? Wie sind diese Anteile an
den Erzähltext angeschlossen? Was sagt ein Lied über die Figur, die es
singt?

Narrative
Struktur

Fragen zur inneren Organisation der erzählten Geschichte:

– Gibt es eine Exposition? Oder springt der Text mitten in die fiktive Handlung?
– Welche Figuren, Konflikte, Motive und Themen werden im ersten Kapitel oder am Erzählbeginn exponiert?
– Gibt es eine Zentralfigur? Oder gleich mehrere? In welchem Verhältnis stehen Heldin oder Held zum Gesamtkomplex der erzählten Geschichte?
– Wie ist die Figurenkonstellation? Welche Figuren gehören zusammen, welche stehen gegeneinander? Wie sind die Figuren den möglicherweise exponierten Konflikten zuzuordnen?
– Wie organisiert der Text die Charakterisierung der Figuren: Stellt der Erzähler sie vor? Berichten sie selbst von sich oder lässt der Text sie sich durch Rede und Handlung nach und nach vorstellen?
– Ist die Erzählung in ihrer Chronologie am Leben oder an einem großen, entscheidenden Lebensabschnitt einer oder mehrerer Figuren orientiert? Geht es primär um die Geschichte, vielleicht sogar die Entwicklung einer Figur? Oder geht es eher um die Darstellung eines gesellschaftlichen Zustands oder Standes?
– Was steht thematisch im Vordergrund? Lassen sich inhaltliche Bestimmungen der Konflikte ausmachen? Sind die leitenden Konflikte gesellschaftlicher Art? Können sie sozialgeschichtlich identifiziert werden? Sind die handelnden Figuren (idealtypische) Vertreter bestimmter Stände oder Klassen? Sind die leitenden Konflikte religiöser, moralischer, erzieherischer oder psychologischer Natur? Oder steht die innere, psychologische Dimension einer Figur ganz im Zentrum?

Raum
und Zeit

Fragen zur Gestaltung von Raum und Zeit:

– Wie arrangiert der Erzähler Figuren, Interieur, Architektur und Landschaft? Eher wie einen Bühnenhintergrund, eine Kulisse? Oder wie ein Gemälde, gerahmt und als Tableau? Wie lässt der Text Figuren vor einen Hintergrund, auf eine Szene treten?

- Sind Raum und Zeit des Textes historisch, geographisch und/oder soziologisch identifizierbar? Welche Daten einer außertextlichen Wirklichkeit sind in die fiktive Welt eingebaut? Wie geht der Text mit diesen Daten um? In welches Verhältnis rückt er seine Figuren gegenüber dieser Welt?
- Stiftet der Text ein chronologisches Kontinuum, d. h., erzählt er seine Geschichte in zeitlicher Reihenfolge der Ereignisse? Oder gibt es größere oder kleinere Rückwendungen oder Rückblicke? Überschreitet eine solche rückgewandte Anachronie den zeitlichen Rahmen der Geschichte im Sinne einer Vorzeithandlung? Welche Funktion könnten die entsprechenden Passagen haben? Gibt es Vorausdeutungen oder Ausblicke? Was ist deren Funktion? Werden Rückwendungen oder Vorausdeutungen vom Erzähler artikuliert oder in die Figurenrede gelegt?
- Wie ist das Erzähltempo, das Verhältnis von erzählter Zeit und Erzählzeit insgesamt im Text oder in ausgesuchten Passagen? Wird zeitdeckend, zeitdehnend oder zeitraffend erzählt? Gibt es Zeitsprünge? Mit welchen darstellerischen, stilistischen oder erzählerischen Mitteln realisiert der Text das jeweilige Erzähltempo? Welche Funktion haben die beobachteten Erzähltempi im Text?
- Welches Erzähltempus herrscht vor? Episches Präteritum oder Präsens? Wie lässt sich die Wahl des Erzähltempus begründen und welche Funktion hat es? In welchem Zusammenhang steht das Erzähltempus zur Erzählhaltung?
- Bemüht sich der Text, trotz aller rück- oder vorwärtsgewandten Anachronien, die Geschichte als erzählerisches Kontinuum zu gestalten? Wie stiftet er dieses Kontinuum: Wie schließen Kapitel aneinander an, wie werden Erzählstränge miteinander verbunden, wie werden Ortswechsel, Zeitsprünge o. Ä. begründet?
- Oder verzichtet er grundsätzlich oder in einigen Passagen auf Kontinuität, montiert er nur noch Material und Stimmen, erzählt er ›filmisch‹, mit schnellen Schnitten? Ist dieses Material identifizierbar – etwa als Bruchstücke medialer Kommunikation (Werbung, Zeitung) oder auch als Fragment von Figurenrede?

Stil,
Gattung

Fragen zu Stil und erzählerischer Gattung:

– Sind Erzähler- oder Figurenrede stilistisch hochartifiziell oder sogar erhaben? Oder sind sie eher volkssprachlich, dialektal oder soziolektal
  gefärbt? Markieren solche Färbungen bestimmte Figuren oder den Erzähler als einem sozialen oder Bildungsstand zugehörig?
– Fallen sprachliche oder stilistische Besonderheiten ins Auge? Auch angesichts des erzählerischen Textes sind Fragen der Wortwahl, der literarischen Bildlichkeit, der Leitmotivik usw. entscheidend, wie sie zur Lyrik
  differenzierter skizziert wurden (vgl. S. 64.).
– Lässt sich eine bestimmte Gattung erzählender Prosa identifizieren?
  Oder sind Anleihen bei einer oder mehreren anderen Gattung(en) –
  etwa Anleihen eines Romans bei Fabel und Versepos – erkennbar?
  Welche Auskünfte gibt der Nebentext, also Titel und Untertitel, evtl.
  Vorrede, Widmung, Kapitelüberschriften, Register, Angaben zu Herausgeber, Druckort und Verlag?

Um noch einmal entwarnend und anregend darauf hinzuweisen: Die
drei vorstehenden Fragenkataloge sind erstens beliebig verlängerbar – die Texte selbst sind es, die bestimmen, welche spezifischen
Fragen an sie gerichtet werden müssen! Zweitens aber wäre es unsinnig, nun an jedem lyrischen, dramatischen oder erzählerischen
Text alle diese Fragen beantwortet bekommen zu wollen – die Fragen
sollen an dieser Stelle nur darauf hinweisen, was alles auffällig sein
kann an einem literarischen Text! Drittens schließlich müssen die
differenziertesten Beobachtungen am Text selbst umgesetzt werden
zu möglicherweise genaueren, mit analytischen Begriffen benenn-
baren Beschreibungskategorien – und hierzu liefern die oben angegebenen Fachbücher zur Analyse literarischer Gattungen die not-
wendigen Handreichungen![9]

9 Vgl. Anm. 8.

Wenn der Primärtext nun so intensiv wie möglich gelesen und jede noch so kleine Auffälligkeit notiert ist, dann ergibt sich im Blick darauf mitsamt den Unterstreichungen, Anmerkungen und Markierungen ein diffuses, doch analytisch umsetzbares Bild eines bestimmten Argumentationsaufbaus oder einer Ordnung: eine Verteilung verschiedener Strukturen, die den einen vom andern Teil des Textes deutlich unterscheiden lassen, die etwa die Dominanz des einen Stilmittels im vorderen, die eines anderen im hinteren Teil des Textes anzeigen.

Ebenso wichtig wie die Verteilung der verschiedenen Beobachtungen über den Text hin ist ihre Gruppierung, ihre Kategorisierung: Die unterschiedlichen Farbmarkierungen im Text und am Rand ordnen die unterschiedlichen Beobachtungen und Notizen, Assoziationen und Ideen verschiedenen Gruppen zu – etwa formale Beobachtungen, Metaphern mit einem spezifischen Wortfeld als Bildspendebereich, bestimmte Wortarten in Eckstellung, Anredestrukturen und wechselnder Redegestus, aber auch inhaltliche Momente wie Referenzbereiche der Rede usw. Handwerklich-technisch gesagt heißt das, dass jetzt eine Datei »Textbeschreibung« (alternativ dazu: »Primärtextexzerpt«) (im Ordner »Hausarbeit Wilhelm Meister«) erzeugt werden muss, in die zunächst die Kategorien eingetragen werden, in die Textbeobachtungen eingeteilt werden können. *Kategorisierung der Beobachtungen*

Jetzt werden alle für die eigene Aufgabenstellung als wichtig erachteten Passagen des Primärtextes exzerpiert, also aus dem Primärtext in die eigene Datei übertragen. Diese Teilabschrift oder -ausschrift (das bedeutet der Begriff ›Exzerpt‹) muss absolut genau sein; es gelten dieselben peniblen Regeln wie für das Zitieren: Alle orthographischen Besonderheiten des Originaltextes werden übernommen, bei Verstexten werden die Versenden mit Virgeln (/) markiert, die eventuelle Großschreibung am Beginn eines Verses wird mit übernommen. Auslassungen von möglicherweise nicht so relevanten Bestandteilen des Primärtextes werden durch drei Punkte in eckigen Klammern gekennzeichnet ([...]) – und das Zitierte bzw. Ausgeschriebene wird in Anführungszeichen gesetzt. Am Ende der ausgeschriebenen Passage wird genau die Stelle vermerkt: Entweder die Seitenzahl(en) der ausgeschriebenen Stelle oder aber, etwa bei Versdramen, Akt, Szene und *Primärtextexzerpt*

75

Versnummerierung (z. B.: I.3, 344–355). Jetzt werden den exzerpierten Primärtextpassagen die eigenen Beobachtungen, Überlegungen, Erläuterungen oder Deutungsideen (auf die zentrale Fragestellung hin) beigestellt. Die Fülle der eigenen Beobachtungen muss in einem Fließtext ausformuliert werden. Diese Ausarbeitung erreicht durchaus schon eine ansehnliche Länge – die zuweilen sogar die Länge der geplanten schriftlichen Hausarbeit übersteigen kann. Die Fülle des hier erstmals ausformulierten textbeschreibenden und in Teilen textanalytischen Materials ist die Basis der späteren Arbeit. Für diese wird natürlich rigide ausgewählt, gestrichen, sortiert, da sich sehr häufig erweist, dass sich viele Beobachtungen etwa wiederholen und unter einem Punkt behandelt werden können, dass andere Auffälligkeiten unter der gegebenen Themenstellung eher randständig sind o. Ä.

Dadurch, dass dieses Primärtextexzerpt aber nicht der Chronologie des Textes, sondern der Logik der oben erarbeiteten Beobachtungskategorien folgt, ist dieses Primärtextexzerpt in der Tat ein hervorragender Ausgangspunkt für die geplante wissenschaftliche Arbeit: An die **Kategoriale Ordnung** Stelle der bloß zeitlichen Logik des Primärtextes tritt die kategoriale Ordnung der eigenen, auf die Aufgabenstellung hin orientierten Erarbeitung des Textes. Dabei ist die Reihenfolge der Kategorien dieses Primärtextexzerptes zunächst gleichgültig, da sie ja späterhin innerhalb der Datei beliebig umgestellt werden kann.

Diese Kategorien der Textbeobachtung und -beschreibung können für die gesamte Arbeit sehr wichtig werden: Sie lenken möglicherweise die Aufmerksamkeit bei der späteren Lektüre der Forschungsliteratur, organisieren deren systematische Erarbeitung; schließlich können diese Kategorien sogar die Kapitelgliederung im Hauptteil der zu schreibenden Arbeit vorwegnehmen.

Die erste Schreibphase mündet also in einen sowohl textbeschreibenden wie textanalytischen Text von einigen Seiten. Damit entkommt man fast spielend der Gefahr einer wie auch immer begründeten Schreibhemmung. Dieser erste selbst geschriebene Text stellt die Textbeschreibung dar – die natürlich bereits eine Vielzahl textanalytischer Anteile enthält: Schon Hinweise auf Form und Bildlichkeit, alle terminologisch abgesicherten Beobachtungen sind Analyse!

Das Ziel der intensiven Erarbeitung des literarischen Gegenstandes ist eine Verständnishypothese, die das Ergebnis der individuellen Lektüre und genauen Aneignung des Textes darstellt, das begründete und begründbare Resultat seiner Beschreibung und Analyse, eines eigenständigen, individuell lesenden Zugangs zum Text. Diese Verständnis- oder Interpretationshypothese bildet den letzten Absatz der Datei. Fundierte Textkenntnis mitsamt eigenständiger Texterarbeitung sowie ebenso eigenständigem (Vor-)Verständnis des Textes selbst sind die primäre individuelle Substanz der schriftlichen Hausarbeit, sie bilden die selbsterworbene Voraussetzung, um jetzt kompetent in die Diskussion mit der Forschungsliteratur eintreten zu können. Verständnishypothese

3.3 Arbeit mit der Forschungsliteratur

Der Umgang mit der Forschungsliteratur ist derjenige Arbeitsschritt, bei dem sich die häufigsten Fälle von Verzettelung oder sogar Schreibhemmung ergeben – die extensive Erarbeitung des Sekundärmaterials, zusammen mit seiner oft schon undurchsichtigen Dichte von einander oft widersprechenden Argumenten, führt im schlimmsten Fall zur Resignation gegenüber dem Material und damit gegenüber der gestellten Aufgabe. Dieser Kapitulation kann schon früh, sowohl bei der Arbeit am Primärtext als auch bei der Auswahl und Erarbeitung der Forschungsliteratur, mit handwerklichen Mitteln entgegengewirkt werden.

Zu vielen Themen- und Aufgabenstellungen, mit denen man sich im Laufe des Studiums konfrontiert sieht, existiert auf den ersten Blick eine schier unübersichtliche Fülle an Sekundärliteratur, auch die im ersten Schritt erstellte Bibliographie hat ja extensiv einschlägige Titel aufgenommen. Erstens also muss das Material reduziert und damit einhergehend auch das disziplinierte Verharren bei dieser Auswahl eingeübt werden, man darf sich nicht von der Vielzahl von Querverweisen zum Weiterblättern verführen lassen. Reduktion des bibliographierten Materials

Ein zweites, unbedingt von vornherein mit zu bedenkendes Problem im Umgang mit Forschungsliteratur ist der Umstand, dass jeder

Forschungsbeitrag zu einem literaturwissenschaftlichen Gegenstand aus einer bestimmten methodologischen Perspektive geschrieben ist.

Methoden-identifi-kation

Die Identifikation eben dieses Zugangs zum Gegenstand ist unbedingt erforderlich – erstens, da dies zunächst die Lektüre des Sekundärtextes selbst erleichtert, zweitens, um unzulässige Vermischungen methodologisch unterschiedlicher Positionen im späteren eigenen Text tunlichst zu vermeiden.

Der dritte Schritt, nach der Eingrenzung der tatsächlich hinzuzuziehenden Sekundärliteratur und nach der methodischen Identifikation der gewählten Texte, ist schließlich die Erarbeitung und Aneignung dieser Texte selbst – in Lektüre, Strukturierung, Exzerpt und Leseprotokoll. Die Erarbeitung hat erstens das Ziel, die Argumentationsweise der Autorin oder des Autors erkennen und im Blick auf den literarischen Primärtext nachvollziehen zu können, und zweitens die eigene Textverständnishypothese am angeeigneten Forschungsbeitrag zu überprüfen, sie zu stützen oder zu widerlegen, kurzum, die Argumente des Sekundärtextes für die eigene Arbeit zu nutzen.

Systematische Erarbeitung der Forschungstexte

a) Vom bibliographierten Material zur Bibliographie

Der erste Arbeitsschritt ist die Reduktion des bibliographierten Materials zu einer handhabbaren – und je nach Studienphase angemessenen – Literaturliste. Die wichtigste Grundlage für diese Reduktion ist das Thema der wissenschaftlichen Arbeit selbst. Dieses gibt meist schon eine notwendige Einschränkung vor: z. B. »Bildung im *Wilhelm Meister*«, »Natur im *Werther*«, »Körperliche Verfallssymptome der Figuren in den *Buddenbrooks*«. Bei weiter gefassten Themenstellungen muss entweder in einer Sprechstunde eine genaue Aufgabenstellung eingefordert werden, oder es wird auf der Basis der eigenen Textlektüre selbst eine Einschränkung vorgenommen. Auch im letzteren Fall ist ein Sprechstundenbesuch zur Bestätigung dieser Einschränkung dringend zu empfehlen. Alle Einträge in der Bibliographie, die vom Titel her den Anschein erwecken, als behandelten sie diesen besonderen Aspekt am Primärtext eben nicht, fallen heraus. Sie können gestrichen

Thematische Einschränkung

werden – müssen allerdings im Einzelfall später vielleicht wieder hinzugezogen werden.

Hat die Bibliographierarbeit eine umfängliche Literaturliste zu einem anscheinend vielbearbeiteten und ergiebigen Thema ergeben, so empfiehlt sich eine sehr pragmatisch klingende Faustregel: D a s N e u - e s t e z u e r s t. Die jüngsten Forschungsbeiträge zum ausgewählten Aspekt des Primärtextes enthalten im Normalfall viele Hinweise auf die vorangegangene Forschung, auf der sie aufbauen, auf die sie sich beziehen, von der sie sich abgrenzen wollen. Sie liefern zuweilen ausführlichere Darstellungen einer ganzen Forschungsdiskussion über einen Gegenstand. In diesen forschungsberichtlichen Anteilen der jüngsten Forschungsbeiträge lassen sich häufig die wenigen tatsächlich zentralen Sekundärtexte zum gewählten Thema identifizieren, sodass der eigene auswählende Blick auf die lange Literaturliste schon gelenkt wird.

Im Idealfall entsteht so aus einer beispielsweise 45 Angaben umfassenden Bibliographie nach kritischer Durchsicht eine Liste von sechs bis acht Titeln. Normal ist allerdings eher, dass man einige Aufsätze vergeblich kopiert und liest, erst im Nachhinein feststellt, dass sie nicht einschlägig sind, und so erst auf Umwegen zu der begrenzten Arbeitsbibliographie derjenigen Forschungsliteratur gelangt, die man sich für die Hausarbeit intensiv erarbeiten will.

Diese Liste, also die Arbeitsbibliographie, enthält die bibliographischen Angaben zu den Forschungstexten, die erst jetzt kopiert oder entliehen werden müssen. Beiträge aus Zeitschriften oder Aufsatzsammlungen sollten auf jeden Fall kopiert werden, ganze Bücher natürlich nicht, sondern allenfalls in denjenigen Auszügen, die für die Arbeit von zentraler Bedeutung sein werden.

b) Methodenidentifikation

Die erste Lektüre der nunmehr beschafften Forschungsliteratur dient dazu – natürlich neben der gröberen Orientierung hinsichtlich der Deutungsansätze in diesen Texten –, zunächst zu identifizieren,

Das Neueste zuerst

Arbeitsbibliographie

aus dem Blickwinkel welcher Methode die Autorinnen und Autoren sich jeweils den Zugang zum Text erarbeiten, aus welcher Perspektive sie auf den Text blicken. Es scheint auf den ersten Blick kaum etwas schwieriger zu sein als diese Methodenidentifikation, kaum etwas ist aber auch notwendiger beim Umgang mit Forschungsliteratur.

Literatur-
wissen-
schaftliche
Methoden

Zu klären ist hier zunächst, was eine Methode überhaupt ist – zumal es kaum einen Gegenstand der Literaturwissenschaft gibt, der in den letzten vier Jahrzehnten mehr Raum eingenommen hat, der damit zuweilen, das sei hier erlaubt anzumerken, eine ungeheure Überschätzung erfahren hat: »Methode« ist schlichtweg jeder »Weg«, den eine forschende Beschäftigung mit einem – literarischen, literaturgeschichtlichen oder literaturwissenschaftlichen – Gegenstand zu einem bestimmten Erkenntnis-, Verständnis- oder Erklärungsziel hin zurücklegt. »Methode« heißt nämlich schlicht und einfach ›der Weg zu etwas hin‹. Methoden sind also nie Selbstzweck, sind immer auf die Sache hin orientiert und beschreiben die wissenschaftliche Selbstreflexion sowohl der Zurichtung des Gegenstandes, des je spezifischen Zugangs zu ihm als auch des jeweiligen Erkenntnisinteresses. »Eine Methode«, so definiert der Literaturwissenschaftler Jochen Vogt zunächst allgemein, ist »eine zielgerichtete, in ihren Prinzipien, Instrumenten und Schritten definierte und kontrollierbare Vorgehensweise, die zu einem bestimmten Resultat führen soll und von konkurrierenden Verfahren abgrenzbar ist.«[10]

Vogt unterscheidet drei Grundkategorien dessen, was in der literaturwissenschaftlichen Diskussion mit dem Begriff der Methode bezeichnet wird:

1. Der Begriff »Methode« beziehe sich auf »die mit ihrem Gegenstand Literatur gegebene, sachlich gebotene *grundsätzliche* Vorgehensweise der Literaturwissenschaft«. Damit ist ein »professionelles, spezialisiertes Lesen« mit dem Ziel des Verstehens gemeint, das diese Wissenschaft von den Naturwissenschaften, die an die Stelle

10 Jochen Vogt, *Einladung zur Literaturwissenschaft*, München ²2001, S. 177.

des Verstehens das Erklären (und die geschlossene, im Idealfall experimentell überprüfbare Beweisführung) setzen.[11]

2. Der Begriff der Methode bezeichne aber auch »drei hauptsächliche Arbeitsfelder oder Arbeitsrichtungen« der Literaturwissenschaft: »die *Literaturgeschichte* als Versuch einer historischen Ordnung des literarischen Wissens; die Gattungspoetik und *Literaturtheorie*, die aus verschiedenen Perspektiven eine systematische Ordnung entwerfen bzw. nach den spezifischen Charakteristika von Literatur suchen [...]; und schließlich die Textanalyse, Textauslegung oder *Interpretation*«.[12]

3. Neben diese hauptsächlichen Arbeitsrichtungen und jene grundsätzliche wissenschaftliche Orientierung der Literatur- als Verstehenswissenschaft träten diejenigen Methoden, die sich »bei der Analyse eines einzelnen Textes« voneinander durch »verschiedene Zugriffe oder Vorgehensweisen unterscheiden, die dann auch zu unterschiedlichen Resultaten oder Lesarten führen«.[13] Diese zeichnen sich vor allem dadurch aus, dass sie sich je für einen ganz speziellen Ausschnitt oder Aspekt des literarischen Textes interessieren.

Die einfachste Art, eine Methode zu identifizieren, ergibt sich daraus, dass, vor allem in Monographien, zuweilen aber auch in kleineren Aufsätzen, die Autorinnen und Autoren in Vorworten oder Vorbemerkungen ihre Methode explizit machen. Sie sprechen sowohl den gewählten Textaspekt als auch den Weg zu einem Verstehensziel deutlich aus und nennen darüber hinaus möglicherweise das methodische Etikett, unter welchem der vorgelegte Beitrag firmieren will. – Hier ist allerdings auch Vorsicht geboten: Nicht selten nämlich formuliert ein solches methodologisches Bekenntnis einen Anspruch, dessen Einlösung in der Analyse selbst erst noch überprüft werden muss; nicht selten sind die Selbstetikettierungen von Forschungsbeiträgen ungleich ambitionierter, als es der dann eingeschlagene Weg der Analyse ver-

Methodenidentifikation: Selbstkennzeichnung

11 Ebd., S. 178 f.
12 Ebd., S. 180.
13 Ebd.

dient hätte. Merke also: Nicht überall, wo »Diskursanalyse« (oder jedes andere Etikett[14]) draufsteht, ist auch Diskursanalyse drin!

Wird die methodische Orientierung nicht in der eben genannten Weise explizit gemacht, können die Namen der Philosophen und Theoretiker, die ein Forschungsbeitrag als Kronzeugen der eingeschlagenen Methode aufruft und wiederholt zitiert, zu deren gröberen Identifizierung verhelfen: Dass Sigmund Freud gewissermaßen stellvertretend für die Psychoanalyse, Karl Marx für den Historischen Materialismus, Michel Foucault für die Diskursanalyse und Jacques Derrida für die Dekonstruktion stehen, hat sich möglicherweise schon herumgesprochen. Da aber viele der zu methodologischen Kronzeugen aufgerufenen Theoretiker, vor allem zu Beginn eines Studiums, eher unbekannt sind, muss der Blick in ein einschlägiges Lexikon helfen, einen häufiger und an grundlegender methodischer Stelle zitierten Namen auch einem Ansatz zuordnen zu können: Das von dem Anglisten Ansgar Nünning herausgegebene vorzügliche *Metzler Lexikon Literatur- und Kulturtheorie* (Stuttgart/Weimar ⁵2013) bietet u. a. zu jedem literaturtheoretisch wichtigen Namen einen ausführlichen und meist gut einführenden Artikel.

In eben diesem Lexikon finden sich auch erläuternde Hinweise im Blick auf die nächste Kategorie von Erkennungsmerkmalen einer bestimmten literaturwissenschaftlichen Methode: Schlüsselbegriffe oder Signalwörter. Wörter wie Diskurs oder Dispositiv, wie Klassenbewusstsein oder Widerspiegelung, Erwartungshorizont oder Unbestimmtheitsstelle, Über-Ich oder Verdrängung, System oder Umwelt werden jeweils aus einem bestimmten Theoriehorizont heraus verwendet und stehen bei entsprechender methodologischer Orientie-

Methoden-identifikation: Kronzeugen, zentrale Begriffe

---

14 Dies betrifft vor allem Forschungsbeiträge, die mit einem schwammig bleibenden ›Diskurs‹-Begriff operieren und sich deswegen schon den Anschein einer ›Diskursanalyse‹ geben zu können meinen, um damit methodologisch auf einer modisch erscheinenden Welle mitzureiten – einer genaueren Überprüfung aus der Perspektive des durchaus präziseren Diskursbegriffes etwa bei Foucault aber niemals standhalten. Ähnliches ließe sich für den Begriff des ›Systems‹ belegen – mit den Moden ändert sich auch das Wörterbuch des ›Etikettenschwindels‹.

rung an systematisch prominenter Stelle. Finden sich also in dem Forschungsaufsatz Wörter, denen im Argumentationsgang ein entscheidender Stellenwert beizumessen ist, so hilft oft das oben angegebene Lexikon, die damit indizierte Methode zu identifizieren.

Wichtigstes Kriterium für die Methodenidentifikation aber ist der ganz spezielle Ausschnitt oder Aspekt des literarischen Textes, den der Forschungsbeitrag zu seinem Gegenstand macht. Es kann zunächst grundsätzlich behauptet werden, dass fast alle literaturwissenschaftlichen Methoden auf ein Verständnis des Textes abzielen – also hermeneutisch konzipiert sind. Aus dieser prinzipiellen Ausrichtung fallen wenige methodologische Konzepte heraus: einerseits natürlich rein positivistische Zusammenstellungen von Realien, von biographischem Material zum Autor, von Dokumenten zu Entstehung und Wirkung o. Ä.; andererseits gibt es wenige »postmoderne« Theoriekonzepte, die die verstehende Verfügbarkeit eines Sinnes im Text grundsätzlich anzweifeln oder zumindest die prinzipielle Vielstimmigkeit literarischer Texte gegen das hermeneutische Verstehenwollen ins Feld führen. Hierzu sind zum Teil diskursanalytische, intertextualitätstheoretische oder dekonstruktivistische Ansätze zu zählen. Es stellt sich allerdings auch in solchen Fällen die Frage, ob nicht am Ende dennoch ein Verständnis entsteht – wenn nicht des Textes selbst, so doch etwa dasjenige einer spezifischen Diskursformation, der der Text seine Entstehung verdankt.

Prinzipiell also sind die meisten Methoden auf Verstehen ausgerichtet. Was allerdings am Text in den Blick genommen wird, von wo aus überhaupt der Blick auf den Text gerichtet wird – das macht die methodologischen Unterschiede aus.

Methodenidentifikation: Perspektive auf den Gegenstand

Methodenidentifikation: Eine knappe Übersicht

– Bewegt sich ein Forschungsbeitrag ausschließlich oder doch weitgehend auf der Ebene der sprachlich-stilistischen, der literarischen Form des Textes, ist seine Methode als formanalytisch, vielleicht sogar textimmanent zu bezeichnen.

– Stellt der Aufsatz die gesellschaftlichen Verhältnisse im Text, also die auftauchenden Stände und Klassen – repräsentiert durch die Figuren – und ihr Verhältnis zueinander in den Vordergrund, bringt er dieses möglicherweise sogar noch in Beziehung zu den außerliterarischen gesellschaftlichen Verhältnissen der Entstehungszeit des Textes, so argumentiert er sozialgeschichtlich.

– Werden die gesellschaftlichen Daten im Text und außerhalb seiner im Kontext einer marxistischen Geschichtsmechanik interpretiert, hat der sozialgeschichtliche Zugang deutlich historisch-materialistische Züge.

– Wird der literarische Gegenstand auf dem Hintergrund einer etwa in die Antike zurückreichenden Gattungstradition gedeutet, so ist die Argumentation im Wesentlichen literaturgeschichtlich, werden die Ausprägungen des Gattungshaften am Text in den Vordergrund gestellt, so ließe sich diese Methode als gattungstheoretisch oder -poetologisch kennzeichnen.

– Werden bestimmte Aspekte des Textes abgeleitet aus großen philosophischen oder auch religiösen Bewegungen seiner Entstehungszeit, so argumentiert die entsprechende Analyse geistes- oder ideengeschichtlich.

– Wird der Text nicht so sehr analysiert oder interpretiert als vielmehr in seiner Entstehung unter Aufweis unzähliger Dokumente dargestellt, dann lässt sich dieses Vorgehen als positivistisch identifizieren.

– Eine spezielle Ausprägung des Positivismus ist die biographistische Lektüre: Der Text wird auf seinen – erlebnishaften – Bezug zum Autorleben hin untersucht; im Unterschied zur positivistischen Darstellung ist die biographistische meist auf mehr oder weniger wilde Spekulation angewiesen.

– Das Gleiche gilt für die Vermischung biographistischer und psychoanalytischer Anteile in der Darstellung: Der Autor wird ›auf die Couch‹ gelegt, der Text, seine Bildstrukturen o. Ä. werden aus Verdrängungen oder unbewussten Kräften auf Seiten des Autors abgeleitet.

– Werden im Gegensatz dazu die Figuren des Textes ›auf die Couch gelegt‹, gewinnt die psychoanalytische Methode deutlich an wissenschaftlicher Plausibilität: Die mit den Mitteln der klinischen Psychoanalyse interpretierten Daten verdanken sich eben nicht bloßer biographistischer Spekulation, sondern entstammen dem Text selbst.

- Geht der Forschungsbeitrag davon aus, dass durch den Autor hindurch und über ihn und seine zufällige Intention hinweg etwas an dem Text mitgeschrieben habe, das sich in einer Vielzahl anderer Texte seiner Epoche aus Theologie, Philosophie, Pädagogik und anderen textproduzierenden Disziplinen ebenfalls finde, so argumentiert er diskursanalytisch oder diskursgeschichtlich: Der *Wilhelm Meister* hat teil am Diskurs der Bildung im 18. Jahrhundert, der in unterschiedlichen Wissenschafts- und Gesellschaftsbereichen Texte hervorbrachte – und der Roman schreibt diesen Diskurs auf spezifische Weise fort, generiert möglicherweise sogar einen neuen (Teil-)Diskurs.
- Bezweifelt oder verneint eine Textanalyse die Wertigkeit der traditionellen Kategorien der Geschlossenheit und Einheit des Werkes, des Autorsubjektes, des Sinnes und betont auf allen diesen Ebenen der Textwahrnehmung die prinzipielle Offenheit von Textbegriff, Autorkonzept und Sinn, dann erweist sich die Argumentation als dekonstruktivistisch.
- Hebt ein Beitrag die Spuren anderer Texte in einem literarischen Text hervor, deutet ihn vorrangig als aus diesen Spuren vorgängiger Texte konstituiert, so argumentiert er intertextualitätstheoretisch.
- Untersucht ein Forschungsbeitrag vorrangig die Rezeptionsseite eines Textes – wie der Text selbst seine Rezeption steuert, welche Erwartungen er im Leser oder in der Leserin weckt, welches Publikum aus welcher sozialen Klasse und in welcher Zahl ihn gelesen hat –, dann lässt sich seine Methode als rezeptions- oder wirkungsästhetisch identifizieren.
- Wird ein literarischer Gegenstand vor allem unter dem Aspekt bestimmter Geschlechterzuschreibungen betrachtet – zumal aus einer dezidiert feministischen Perspektive –, so spricht man von feministischer Literaturwissenschaft, allgemeiner von Gender Studies.

Oft allerdings ist ein Forschungsbeitrag gar nicht insgesamt aus einer strikt ausschließlichen methodologischen Perspektive geschrieben, sondern bedient sich je nach Bedarf im analytischen und begrifflichen Instrumentarium mehrerer literaturtheoretischer Ansätze. Ein solcher – völlig legitimer und fruchtbarer – Methodeneklektizismus macht allerdings bei der Erarbeitung eines Forschungstextes notwendig, die methodologische Identifikation und Zuordnung für jedes der Argumente im Einzelfall vorzunehmen. Die vollzogene Methodenidentifikation wird sichtbar und am besten mit farbigem Stift über den Texttitel oder jeweils an den Rand notiert!

Unabding-
barkeit der
Methoden-
identifika-
tion

Die Identifikation der im einzelnen Forschungsbeitrag eingeschlagenen Methode erleichtert grundsätzlich die Lektüre des Textes, da sich einerseits die dort benutzte Terminologie aus den methodologischen Zusammenhängen verstehen lässt und andererseits sofort der spezifische Zuschnitt des Gegenstandes, der Zugang zum literarischen Text erschließt. Darüber hinaus aber ist die methodologische Kennzeichnung der in einer schriftlichen Hausarbeit benutzten Sekundärliteratur ganz und gar unerlässlich, da später, bei der Einarbeitung verschiedener Forschungspositionen in den Text der Arbeit, jede Vermischung unterschiedlicher oder sogar gegensätzlicher Positionen vermieden werden muss, da jedes Zitat aus einem Sekundärtext immer nur im Lichte seiner methodologischen Herkunft zitiert und gegebenenfalls mit anderen Zitaten kombiniert werden darf. Die explizite Diskussion mit der Forschungsliteratur, die Auseinandersetzung der eigenen Interpretationshypothese mit denjenigen der Sekundärtexte muss immer deren spezifischen literaturtheoretischen Ausgangspunkt reflektieren – und jede Arbeit muss diese Reflexion explizit machen!

Im Zusammenhang mit der Methodenfrage aber schon an dieser Stelle eine Entwarnung (später, anlässlich der Abfassung der Arbeit, wird das noch einmal thematisiert): Die schriftlichen Hausarbeiten, die im B. A.- oder M. A.-Studium verlangt werden, müssen nicht selbst ganz im Zeichen einer explizit gemachten Methode der oben fast schulenartig aufgefächerten Vielfalt stehen. Erstens würde eine Formulierung wie »Diese Arbeit argumentiert auf der begrifflichen Basis einer psychoanalytisch gewendeten Hermeneutik« o. Ä. als viel zu hoch stapelnde Angeberei ausgelegt – die zudem zweitens auch noch ganz schwierig einzulösen sein würde. Darüber hinaus aber würde drittens eine solche methodische Eindimensionalität die Wahrnehmung des Textes und seiner Diskussion viel zu früh beschränken – die »Methode« der schriftlichen Hausarbeit selbst ist lediglich der Weg, den diese Arbeit von ihrem Gegenstand oder der Problemstellung zum Analyse-, Darstellungs- oder Interpretationsziel nimmt. Und über diesen Weg muss sich die Autorin, muss sich der Autor der Arbeit im Klaren sein, die Reflexion dieses Weges als eigener Methode muss in die Arbeit explizit eingearbeitet sein. Auf diesem Weg allerdings darf sich die Arbeit, je nach den Erfordernissen des Textes, der Fragestellung, der eigenen Deutungsansprüche aus dem von den unterschiedlichen literaturwissenschaftlich-methodologischen Ansätzen bereitgestellten analytischen, terminologischen und kategorialen Instrumentarium aussuchen, was ihr brauchbar erscheint – jedoch unter der Voraussetzung, dass immer mitreflektiert wird, aus welchem methodologischen Instrumentenkoffer man sich gerade bedient. Wiederum mit Jochen Vogt also die Empfehlung zu einem reflektierten, aber fröhlich-unbefangenen Methodeneklektizismus.[15]

Entwarnung!

c) Exzerpt und Leseprotokoll

Der nächste Arbeitsschritt beim Umgang mit Forschungsliteratur – der durchaus zeitgleich mit der ersten Lektüre stattfinden kann – ist die Gliederung eines jeden Forschungsbeitrags in Sinnabschnitte. Mit einem Stift werden die Argumentationsschritte des Forschungsbeitrags markiert. Diese Sinnabschnitte sollten nicht zu klein und nicht zu groß

Erster Arbeitsschritt: Lektüre und Gliederung in Sinnabschnitte

---

15 vgl. Vogt, *Einladung zur Literaturwissenschaft*, S. 197

bemessen sein, im Normalfall lässt sich eine Größe zwischen einer Dreiviertel- und anderthalb Seiten ansetzen. So ließe sich beispielsweise ein 22-seitiger Aufsatz in etwa 15–20 einzelne Argumentationsschritte gliedern, die der Text bis zu seinem Interpretations- oder Analyseziel zurücklegt. Die Grenzen zwischen einzelnen Argumentationsabschnitten sind sehr häufig sofort zu erkennen, oft wird mit dem ersten Satz eines Absatzes auf den argumentativen Status der folgenden Ausführungen hingewiesen, ebenso findet sich vielfach am Absatzende eine Zusammenfassung des letzten Arguments. Auf diese Weise legt der Forschungsbeitrag selbst schon eine ganz bestimmte Gliederung nahe.

Zweiter Arbeitsschritt: Identifikation der jeweiligen Hauptaussage

Im folgenden Schritt soll nun versucht werden, die jeweilige Hauptthese eines Sinnabschnitts entweder im Text selbst aufzufinden und zu unterstreichen oder aber dieses systematische Argument mit eigenen Worten zu formulieren – für den Fall, dass es im Text eher in paraphrasierender Form und nicht explizit als These formuliert vorliegt. Jeder Sinnabschnitt des Textes wird also durch eine zentrale Aussage repräsentiert – die explizit artikulierten bzw. selbst formulierten Thesen werden nun entsprechend ihrer Reihenfolge im Text protokolliert

Dritter Arbeitsschritt: Exzerpieren der Hauptaussagen

oder exzerpiert, d. h. herausgeschrieben. So entsteht für den 22-seitigen Beispieltext ein Thesenprotokoll von etwa anderthalb bis zwei Seiten. Dieser jetzt entstandene Text heißt Exzerpt. Er wird als Datei unter der Kennung »Autorname, Kurztitel« (z. B. »Steiner, Lehrjahre«) im Dateiordner »Hausarbeit Wilhelm Meister« abgelegt, für jedes folgende Exzerpt wird eine neue Datei in dieser Weise erzeugt.

Unabdingbar: Exakte Kennzeichnung der Quelle

Von elementarer Wichtigkeit für dieses Exzerpt ist allerdings, dass nach jeder ausgeschriebenen oder mit eigenen Worten formulierten These ein eindeutiger Verweis auf die Quelle eingeschaltet wird – da in einem späteren Schritt die Thesen verschiedener Exzerpte verfügbar sein müssen. Dieser Verweis braucht immer eine eindeutige Autorinnen- oder Autorkennung; als Beispiel zunächst die Zusammenfassung eines Absatzes, in der eigene Worte und direktes Zitat miteinander vermischt sind:

> Die Deutung der Lehrjahre als Bildungsroman bringt eigentlich nur die »Körnersche Lesart« sowie die »zeitgenössische Rezeption« auf den Punkt (Steiner, Lehrjahre, S. 138).

> Bei ausschließlich mit eigenen Worten formulierten Thesen heißt die Angabe: vgl. Steiner, Lehrjahre, S. 138. Jede These mit einer solchen exakten Herkunfts- oder Quellen-Kennzeichnung zu versehen, kann in späteren Stadien der Arbeit die zeitaufwändige Suche nach der Quelle zu einem nur allzu gut passenden Zitat ersparen!

Für das Exzerpieren gelten strengste Regeln – strengere noch als später für das Zitieren, das hier ja vorbereitet wird:

Exzerpier-Regeln

– Werden Sätze nicht vollständig zitiert, dürfen Teilzitate oder Satzbestandteile niemals in einer sinnentstellenden Weise mit eigenen Formulierungen vermischt werden.
– Wörtliche Zitate müssen mit Anführungszeichen kenntlich gemacht werden, Anlehnungen oder begriffliche Entlehnungen wenigstens mit einfachen Anführungen.
– Finden sich im zitierten Text Hervorhebungen in Form von Unterstreichungen, Kursivierungen, Fettdruck oder Sperrung, müssen diese vollständig übernommen werden. Auf eigene Hervorhebungen im Exzerpt sollte am besten ganz verzichtet werden.
– Überschreitet ein zitierter Satz eine Seitengrenze, so wird diese (nur im Exzerpt!) mit einem senkrechten Strich markiert, der beiderseitig mit Leertasten vom Text abgesetzt ist: |. In der Quellenangabe steht hinter der Seitenzahl der ersten zitierten Seite dann ein f. (z. B. Steiner, Lehrjahre, S. 138 f.), mehrere aufeinander folgende Seiten werden mit ff. abgekürzt.

Eine durchaus sinnvolle und praktische Alternative zu der hier vorge-
schlagenen Technik des Exzerpierens – die hier »Volltext-Exzerpt« genannt werden soll – gibt es mit sogenannten Literarturverwaltungs-
programmen, die geläufigsten sind Citavi und EndNote. Beide sind,
wenn man sie privat erwerben will, kostenpflichtig (ca. 100,00 €), nur
beschränkte Versionen sind kostenlos und ohne Lizenzschlüssel nutzbar; in den meisten Fällen aber wird von den IT-Services der Universitäten eine Lizenz für Studierende und Lehrende kostenfrei zur Verfügung gestellt. Bei der Entscheidung für Citavi oder EndNote ist einerseits zu berücksichtigen, dass das erstere nur auf Windows-Rechnern
läuft; Mac-Nutzer müssten einen parallelen Windows-Rechner auf
dem Mac emulieren, d. h. nachbilden, (etwa über VirtualPC oder Paral-
lels); EndNote dagegen läuft auch auf Macs. Andererseits steht für Citavi auch Deutsch als Betriebssprache zur Verfügung, für EndNote nur
Englisch.

Die Programme bieten zunächst die Möglichkeit, bibliographische
Einträge zu sammeln und zu verschlagworten, bieten sogar die Möglichkeit, etwa aus Citavi auf einige große wissenschaftliche Literatur-
datenbanken zuzugreifen. Darüber hinaus aber können mithilfe der
Programme auch Exzerpte gemacht und organisiert werden: Beispielsweise heißen die jeweils mit eigenen Namen versehenen Exzerptnotizen (die immer am Beginn des Speichernamens dem Quelltext zugeordnet werden) in Citavi ›Wissenselemente‹, jedes ausgeschriebene
Zitat bekommt einen eigenen Dateinamen. Über Exzerptnotizen hinaus kann zusätzlich eine Notizen- und Ideen-Datenbank geführt werden, so dass die Programme weit über die Literaturverwaltung hinaus
die Möglichkeiten einer Wissensdatenbank bereitstellen.

Da die Arbeit mit Citavi oder EndNote nicht nur auf *ein* Projekt, also
etwa *eine* schriftliche Hausarbeit, bezogen ist, die Datenbank vielmehr
das gesamte Studium hindurch mitwächst um jeden Text, den man exzerpiert, jeden Titel, den man recherchiert hat, kann der Nutzen der
Programme durchaus immens sein – zumal die zusätzliche Verschlag-
wortungsmöglichkeit erlaubt, die Datenbankeinträge nach eigenen
Kriterien zu ordnen und zugreifbar bzw. auffindbar zu machen: Man
muss nicht mehr in verschiedenen Dateiordnern nach einem bestimm-

**Literatur-
verwal-
tungspro-
gramme**

**Bibliogra-
phieren**

Exzerpieren

**Studien-
begleitende
Wissens-
datenbank**

ten Exzerpt suchen, wenn man eine Quelle ein zweites Mal nutzen will oder muss, sondern kann sich unmittelbar über die Datenbank den Zugriff auf die Exzerptnotizen ermöglichen.

EndNote und Citavi sind mit den gängigen Textverarbeitungsprogrammen sozusagen in Zusammenarbeit zu bringen: Will man, beim Schreiben seiner Hausarbeit, auf eine bestimmte Exzerptnotiz, ein Zitat zugreifen, wechselt man einfach in Citavi und wählt dort die Exzerptnotiz im sogenannten Publikationsassistenten aus. Die Notiz wird dann direkt in den Arbeitsspeicher kopiert und ist im Textverarbeitungsprogramm in die Hausarbeit einfügbar, zugleich wird der zitierte Titel automatisch dem Literaturverzeichnis hinzugefügt. Beide Programme bieten eine große Zahl an Zitierstilen, aus denen man denjenigen auswählen kann, nach dem in Fußnoten und dem Literaturverzeichnis die Quellenangeben gemacht werden sollen. Darüber hinaus können eigene Zitierstile zusätzlich eingefügt werden. So stellen die Programme insgesamt sicher, dass in einer Arbeit in Fußnoten und Literaturverzeichnis die Quellenangaben immer auf die gleiche Weise angelegt werden.

Praktische Kopplung mit Textverarbeitungsprogrammen

Insgesamt ist Literatur- und Wissensverwaltung mithilfe entsprechender Software weit über das Bibliographieren hinaus eine attraktive Möglichkeit, das im Studium erarbeitete Wissen, die zu Rate gezogenen Titel, auch die eigenen Ideen und Projektnotizen so übersichtlich zu verwalten, dass sie, etwa bei späteren Studienprojekten oder auch in entsprechenden Berufen, jederzeit wieder zur Verfügung stehen. Wenn man so will, bieten die Programme eine, ganz altertümlich gedacht, komplexe Karteikartensammlung unter den Bedingungen der gegenwärtigen elektronischen Datenverarbeitungstechnik, die über Titel, exzerpierte Notizen und eigene Gedanken, jeweils vielfältig verschlagwortet, einen großen Wissensbestand verfügbar macht.

Der Grund aber, warum hier mit Nachdruck für das »Volltext-Exzerpt« plädiert wird (zumindest in der ersten Studienphase – man kann parallel durchaus schon alles auch in Citavi oder EndNote hinüberkopieren), ist einfach: Außerhalb eines Volltext-Exzerpts, also einer Datei, welche die Argumentation eines Forschungsbeitrages Argument für

Vorteile des Volltext-Exzerpts

Argument aufführt, werden die Argumente eines Forschungsbeitrags einzeln herausgelöst und somit aus dem Argumentationsgang isoliert, wodurch auch tendenziell die sichere methodologische Kennzeichnung verloren geht. So besteht zumindest die Gefahr, dass das Exzerpt zu einer bloßen Sammlung beliebig einsetzbarer Textbausteine wird.

Dagegen hat die thesenartige Wiedergabe eines *gesamten* Forschungsbeitrags im Volltext-Exzerpt neben der Reduktion des Textes auf ein handliches Format in mehrerlei Hinsicht positive Effekte:

1. Indem man sich in strukturierter Form einen Forschungsbeitrag erarbeitet, kann man modellhaft nachvollziehen, wie eine Argumentation – im besten Fall – vorbildlich geführt wird; das Volltext-Exzerpt vermittelt also Einsicht in Verfahren einer logisch aufgebauten Präsentation von Textarbeit, -analyse und -interpretation. Ausgangspunkt der Argumentation, mögliche Umwege und Exkurse, der Höhepunkt der Analyse oder Interpretation und schließlich das Ergebnis werden deutlicher sichtbar.
2. Im Volltext-Exzerpt bleibt jedes einzelne Argument des Forschungsbeitrags an seinem Ort, d. h., sein jeweiliger argumentativer Status bleibt ersichtlich.
3. Dies schließt natürlich auch die Transparenz des einzelnen Arguments im Hinblick auf den grundlegenden methodischen Zugang des Forschungsbeitrags zum Primärtext ein: Das Volltext-Exzerpt hält die argumentativ-systematische Position und den methodologischen Stellenwert eines jeden Einzelargumentes präsent.
4. Ein zusätzlicher positiver Effekt des Volltext-Exzerpts ist die Einübung ins strukturierte Lesen. Nach einigen, zu Beginn vielleicht mühseligen, Lesestunden mit Sekundärliteratur und den jeweiligen Sitzungen an Text und Computer, nach einigen Exzerpten also stellt sich mit hoher Sicherheit eine wachsende Lesekompetenz ein: Forschungsbeiträge (und nicht nur die!) werden gleichsam automatisch auf Sinnabschnitte hin gelesen, zentrale Thesen sowie der argumentative Gang des Ganzen fallen fast von selbst ins Auge.

Der größte Vorzug der Literaturverwaltungsprogramme, die Verschlagwortung, sollte aber für das Volltext-Exzerpt übernommen werden – ebenso wie die Anreicherung des ›herausgeschriebenen‹ Materials durch eigene Kommentare und Ideen. Dies ist kein Problem, da die Exzerpte ja auf dem Computer verfügbar sind. In die Exzerptdatei werden nun jene schlagwortartigen Verweise auf zentrale Bestandteile oder Motive des Textes, auf Deutungsebenen oder abstraktere Kategorien, über die der Forschungsbeitrag spricht, an den entsprechenden Stellen zu den Zitaten oder Teilzitaten hinzugeschrieben – und diese Schlagworte korrespondieren sichtbar (sind häufig sogar deckungsgleich!) mit den eigenen Textbeobachtungskategorien, nach denen im Primärtextexzerpt die Gliederung vorgenommen wurde. Sinnvollerweise werden diese Schlagworte etwa durch eine andere Schriftfarbe, durch Fettdruck, Unterstreichung o. Ä. hervorgehoben. Ebenso kann dies mit eventuell einzufügenden eigenen Kommentaren, Querverweisen, Ideen oder Anmerkungen geschehen (natürlich wiederum in eigener farbiger oder sonstiger Hervorhebung).

Verschlagwortung der Exzerpte

Jeder bibliographierte und für das Thema einschlägig befundene Forschungsbeitrag wird auf diese Weise erarbeitet – zumindest gilt dies für Aufsätze. Am Ende dieser Arbeitsphase steht also eine Sammlung von beispielsweise acht Volltext-Exzerpten mitsamt Schlagworteinträgen und eventuell hinzugefügten Kommentaren. Jetzt müssen diese Einzelexzerpte überführt werden in eine kategorial gegliederte Gesamtdatei. Diese ersetzt allerdings nicht die Einzelexzerpte, sondern tritt neben sie. So bleiben argumentativer und methodologischer Status der Einzelargumente sowie ihre Anordnung im Ausgangstext einerseits erhalten, andererseits aber werden sie (in der neuen Datei) in den Dialog mit den Argumenten und Thesen Dritter gebracht.

»Verarbeitung« der Volltext-Exzerpte

Unter der Überschrift der jeweils in die Einzelexzerpte eingetragenen Schlagworte werden jetzt aus allen verfügbaren Exzerpten alle Zitate und Teilzitate zu diesem Schlagwort versammelt (mitsamt den eigenen Anmerkungen). Spätestens jetzt macht sich die genaue Quellenangabe im Anschluss an jede These bezahlt. Diese Zusammenstellung der exzerpierten Materialien ermöglicht, relativ schnell zu erkennen, wo mehrere Autoren oder Autorinnen gleiche oder ähnliche Argumente verwenden, wo sie einander widersprechen oder aneinander anschließen. Es ergibt sich im besten Fall ein einigermaßen geordneter Überblick über den Stand der Forschungsdiskussion. Schließlich entsteht so ein relativ großer Text, der unter dem Dateinamen »Gesamtexzerpt« im Ordner »Hausarbeit Wilhelm Meister« abgespeichert wird.

In dieser Datei sollten aber immer auch Exzerptnotizen Platz finden, die unter keiner Kategorie rubriziert werden können, deren Einsetzbarkeit noch nicht absehbar ist, die jetzt noch nicht zu passen scheinen, die aber so wichtige, frappante, interessante Aussagen oder Thesen enthalten, dass sie verfügbar bleiben sollten.

Der zumindest arbeitsökonomische Glücksfall, dass in einer Bibliographie ausschließlich kürzere Forschungsbeiträge in Form von Aufsätzen aufgeführt sind, ist nicht die Regel: Fast immer findet sich unter der zu einem Thema oder Gegenstand einschlägigen Sekundärliteratur auch die eine oder andere Monographie. Von einer solchen nun ein Volltext-Exzerpt herzustellen, empfiehlt sich nicht, ja es wäre sogar meist reine Zeitverschwendung.[16] Das Lese- und Exzerptverfahren einer Monographie soll hier Leseprotokoll genannt werden.

Unabdingbare Voraussetzung eines solchen Leseprotokolls ist ein begriffliches Leseraster, das dazu in die Lage versetzt, mit einer relativ hohen Selektivität, d. h. mit geschickt gewählten Auswahlkriterien, an einen großen Forschungsbeitrag heranzutreten, um diesen zu nutzen. Die Kategorien, die Eingang in dieses Leseraster finden, leiten sich aus den zwei unmittelbar vorhergehenden Arbeitsschritten ab: der Erarbeitung des Primärtextes und der der Forschungsaufsätze. Ein Ergebnis der intensiven Lektüre des literarischen Textes war ja die Ordnung der textbeschreibenden und -analytischen Notizen, Anmerkungen und Assoziationen zu kategorial voneinander unterschiedenen Grup-

Alternative zum Exzerpt: Leseprotokoll

Kategoriales Leseraster

---

16 Ein Volltext-Exzerpt kann allenfalls angezeigt sein, wenn sich bei der Vorbereitung von Master- oder Doktorarbeit das eine oder andere Buch als absolut wichtige Forschungsarbeit herausstellt!

pen, die auch den Darstellungsaufbau der in der ersten Schreibphase verfassten Textbeschreibung bestimmt hatten. Die Liste dieser Kategorien als möglicher dominanter Aspekte in der Beschäftigung mit dem literarischen Gegenstand war einerseits schon bei der Erarbeitung erster Forschungsaufsätze dienlich; sie wird während dieser ersten Exzerpierarbeit möglicherweise noch um Kategorien ergänzt, die den Autorinnen bzw. Autoren dieser Aufsätze als dominant in ihrer Textwahrnehmung erschienen.

Diese Kategorien bilden nun das Leseraster für die Erarbeitung einer einschlägigen Monographie. Sie werden mit einem ausreichenden Zeilenabstand untereinander auf ein Blatt Papier geschrieben. Hier wird während der Lektüre des Buches zunächst einfach notiert, auf welchen Seiten sich jeweils zu den einzelnen Kategorien Aussagen finden – eventuell mit Hinweisen zum genaueren Ort (oben, Mitte, unten; 1., 2., 3. Abs. o. Ä.), die es überflüssig machen, in ein meist geliehenes Buch Merkzeichen einzutragen (die man vor der Rückgabe mühsam ausradieren müsste). Die Lektüre einer Monographie, so intensiv sie auch sein mag, wird also im Hinblick auf das Exzerpt mit hoher Selektivität durchgeführt; damit wird gleichzeitig ein zügiges, nicht durch aufwendige Notizen aufgehaltenes Lesen ermöglicht.

In einem zweiten Arbeitsschritt wird dieses Leseprotokoll umgesetzt zu einem Text, wiederum einem Exzerpt – einer Datei allerdings, deren Einträge in ihrer Anordnung nicht mehr an der Reihenfolge der herauszuschreibenden Stellen im Buch orientiert sind, sondern an den Kategorien, die schon als Leseraster die Aufmerksamkeit gelenkt hatten. Wie auch bei den anderen Exzerpten wird eine neue Datei (zur Wiederholung: mit der Kennung »Autorname, Kurztitel«) angelegt, in die dann, gruppiert nach den Begriffszuordnungen des Leserasters, die im Leseprotokoll angemerkten Passagen eingetragen werden – entweder als Abschrift einer These: mit exakter Kennzeichnung der Stelle, oder in eigene Worte gebracht (mit einem »vgl.« im Stellennachweis). *[Randnotiz: »Verarbeitung« des Leseprotokolls: selektives Exzerpt]*

Ein Exzerpt, das auf ein Leseprotokoll gestützt ist, empfiehlt sich nicht nur angesichts der Textmenge einer Monographie, sondern kann auch Anwendung finden, wenn – nach den intensiven Volltext-Exzerpten der ersten fünf oder zehn Aufsätze – eine größere Menge kleiner *[Randnotiz: Nutzungsmöglichkeiten des Leseprotokolls]*

Forschungsbeiträge, also Aufsätze, Handbuchartikel o. Ä., einer größeren Aufmerksamkeit wert zu sein scheint, ohne dass sie ganz intensiv erarbeitet werden müssten. Auch hier tut die an einem begrifflichen oder kategorialen Leseraster ausgerichtete Lektüre, während der einfach Seitenzahlen (jetzt natürlich mit Namenskennung) notiert werden, gute Dienste: Selbst größere Mengen von Sekundärtexten schnurren dann auf ein handhabbares Maß von Forschungspositionen zusammen; es ergeben sich schnell Einblicke in die Deutungstradition oder die Forschungslage (auch in ihren Widersprüchlichkeiten, methodologischen Unterschieden usw.), darüber hinaus werden Argumentwiederholungen, gegenseitige Anschlüsse, Auseinandersetzungen u. a. gut sichtbar. Ein solches Exzerpt bildet die beste Grundlage für denjenigen Teil einer größeren wissenschaftlichen Arbeit, die später unter dem Titel »Forschungsbericht« vorgestellt werden soll (vgl. S. 107–109).

Integration von Primärtext- und Forschungsexzerpt

Der für die Hausarbeit angelegte Dateiordner weist nun also neben Bibliographie und Primärtextexzerpt, nach den Exzerptdurchgängen durch die als Forschungsbeiträge herangezogenen Aufsätze und Monographien, die Exzerpt-Dateien auf – deren Inhalt jetzt daraufhin überprüft werden muss, inwieweit sich das exzerpierte Material an die eigenen Beobachtungen in der Textbeschreibung anschließen lässt. Die Verschlagwortung der Volltext-Exzerpte sowie die nach einem kategorialen Raster geordneten Leseprotokoll-Exzerpte, die ja beide in Anlehnung an die Hauptkategorien der Primärtexterarbeitung erfolgten, machen eine solche Überprüfung der Anschließbarkeit des Sekundärmaterials leicht möglich.

Dieses »Anschließen« verdient diesen Namen eigentlich noch nicht, da es zunächst ganz technisch bewerkstelligt wird – gewissermaßen ohne Ansehen des Inhalts. Das Primärtextexzerpt, das ja schon entsprechend den aus der intensiven Textarbeit entwickelten Kategorien gegliedert ist, wird schlicht ›aufgefüllt‹ um die entsprechenden exzerpierten Materialien aus der Forschungsliteratur. Dazu ist es sinnvoll, zunächst das Primärtextexzerpt unter einem neuen Namen abzuspeichern (damit die Urfassung erhalten bleibt): etwa »Primärtextexzerpt plus« oder »Primärtextexzerpt + Forschungsexzerpt«. Dann wird parallel zu dieser Datei die Sammeldatei geöffnet, in die alle Einträge der Exzerpt-dateien schon kategorial geordnet sind – am besten so, dass immer Primärtextexzerpt und Exzerptsammlung in zwei Fenstern nebeneinander geöffnet sind. Nun werden diejenigen exzerpierten Hauptthesen der Sekundärliteratur (mit Quellenangaben), die unter einem bestimmten Schlagwort, einer aus der Textbeschreibung erwachsenen Kategorie in der Exzerptsammeldatei stehen, in das Primärtextexzerpt kopiert. Am besten ist es, die gesammelten Exzerptnotizen zunächst ans Ende desjenigen Abschnitts der Textbeschreibung einzufügen, der unter dem gleichen Begriff firmiert – das Selbsterarbeitete und die Ergebnisse, die die Lektüre der Forschungsliteratur erbracht hat, sollen hier erst einmal näher zusammengeführt werden, montageartig, ohne schon einen Text zu ergeben, der die eigenen und die fremden Positionen gegeneinanderstellt oder sie in einen Dialog bringt.

> Um Eigenes und Fremdes auf den ersten Blick gut voneinander unterscheiden zu können, kann es sinnvoll sein, die einmontierten Exzerptbestandteile zusätzlich farbig zu markieren: Die Ausgangsdatei der Exzerptsammlung könnte etwa in blauer Schrift mit eigenen Kommentaren in roter Schrift formatiert sein, dann werden auch alle daraus in die Textbeschreibung montierten Passagen dieselbe Markierung aufweisen.

Das Ergebnis dieser Operation ist schließlich eine relativ chaotische Textmontage von meist größerer Länge – oft deutlich länger, als die schriftliche Hausarbeit überhaupt sein darf, ein Montage-Text, der allerdings die Bausteine der späteren Arbeit durchaus enthält, bis jetzt noch nur zusammenhangloses Material ganz unterschiedlicher Herkunft und unterschiedlicher Qualität, das erst im nächsten Arbeitsschritt zusammengeführt werden kann zu einem kohärenten Textganzen.

Um diesen nächsten Arbeitsschritt vorzubereiten, erscheint es sinnvoll, die Positionen der zitierten und einmontierten Passagen bzw. Thesen aus den Forschungsbeiträgen gegenüber den eigenen Erarbeitungen deutlich zu bestimmen und in der Datei kenntlich zu machen – möglicherweise sogar die Forschungspositionen dementsprechend

Neuordnen der Forschungspositionen

umzusortieren. Denkbar ist ja eine Gruppe von Exzerptbestandteilen, die angesichts eines bestimmten Textdetails o. Ä. die eigene Position aus dem Primärtextexzerpt stützt, eine gleiche oder ähnliche Deutung vorlegt oder sogar noch mit einem Mehr an plausiblem »Beweis«-Material für diese Deutung aufwarten kann. Ebenso kann es natürlich Passagen aus den unterschiedlichen Forschungsbeiträgen geben, die der eigenen Deutung, etwa eines bestimmten Bildes, grundsätzlich zuwiderlaufen – hier wäre dann zu entscheiden, ob die Begründung der eigenen Deutung plausibler erscheint (hat der Autor des Aufsatzes einfach etwas Bestimmtes übersehen?) oder ob die Materialien, die Beweise, die plausiblere Argumentationsstruktur des andern überzeugen und die eigene Hypothese modifiziert oder gar aufgegeben werden muss.

Intensives Exzerpieren und die Zusammenstellung des Exzerpierten sind – weit über die Abfassung einer schriftlichen Hausarbeit hinaus – **Exzerpieren in der Prüfungsvorbereitung** wesentliche Arbeitsschritte einer effektiven Prüfungsvorbereitung. Die Erarbeitung einer – nach Absprache mit Prüferin oder Prüfer – begrenzten Menge Forschungsliteratur zu einem Thema in Klausur oder mündlicher Prüfung beginnt mit dem Volltext-Exzerpt der entsprechenden Forschungsbeiträge. In einem zweiten Schritt sollten die Exzerptnotizen zusammengeführt werden – nicht zu einem ausformulierten Forschungsbericht, sondern zu einer Thesensammlung, die nach wissenschaftsgeschichtlichen, methodologischen oder vom Gegenstand herrührenden Gesichtspunkten geordnet ist. Diese noch umfängliche Exzerptsammlung wird nun wiederum exzerpierend zusammengefasst, so dass sich auf etwa 4–5 Seiten das Konzentrat einer Forschungsdiskussion befindet. Dieses lässt sich in einem nochmaligen Abstraktionsschritt auf ein Thesenpapier von etwa einer Dreiviertelseite verdichten: Die wiederholte Überarbeitung und schrittweise weitergehende Konzentration der anfänglichen Exzerpte dient einerseits dazu, die Forschungsdiskussion nach zunehmend abstrakteren Kategorien gliedern zu lernen, andererseits aber ermöglicht diese intensivierende Wiederholung des Stoffes seine Verfügbarkeit im Gedächtnis. Was man so oft durchgearbeitet hat, braucht man nicht mehr gesondert auswendig zu lernen.

Exkurs: Plagiat

Den formalen Abschluss einer jeden wissenschaftlichen Arbeit im Studium bildet die sogenannte Eigenständigkeitserklärung, in der der Verfasser oder die Verfasserin der jeweiligen Arbeit eidesstattlich versichert, dass er oder sie

> die vorliegende Arbeit selbständig angefertigt, außer den im Quellen- und Literaturverzeichnis sowie den Anmerkungen genannten Hilfsmitteln keine weiteren benutzt und alle Stellen der Arbeit, die anderen Werken dem Wortlaut oder dem Sinn nach entnommen sind, unter Angabe der Quellen als Entlehnung kenntlich gemacht habe.

Der Text dieser Eigenständigkeitserklärung kann je nach Universität, Fakultät und Fach variieren, bezieht sich aber immer auf den gleichen Sachverhalt: Mit genutzten Quellen für die eigene Arbeit muss man extrem sorgfältig umgehen. Nicht nur die Übernahme des genauen Wortlauts, sondern auch die ggf. zusammengefassten Argumente, die Darstellung von gedanklichen Inhalten oder auch Übernahme von Gliederungsmomenten eines darzustellenden Sachverhalts aus einer wissenschaftlichen Quelle muss angegeben werden.

Sorgfaltspflicht gegenüber dem geistigen Eigentum anderer!

Erst in den vergangenen Jahren ist der Sachverhalt des Plagiats von öffentlichem Interesse geworden – etwa 2011 mit den letztlich bestätigten Vorwürfen gegen den damaligen Bundesverteidigungsminister Karl-Theodor zu Guttenberg oder 2012 gegen Annette Schavan, zu dem Zeitpunkt Bundesministerin für Bildung und Forschung. In beiden Fällen wurde nach Bestätigung der Vorwürfe jeweils der Doktorgrad aberkannt, die Minister traten zurück.

Juristisch ist das Plagiat eine Verletzung des Urheberrechts, da es eine unrechtmäßige, da nicht gekennzeichnete Übernahme geistigen Eigentums Anderer darstellt (§ 23 des Urheberrechtsgesetzes). Unabhängig von dieser juristischen Bewertung ist es aber ein grober Verstoß gegen alle Regeln wissenschaftlicher Redlichkeit – und darüber hinaus dumm und überflüssig. Die letztlich (oder im Extremfall) auch strafrechtlichen Konsequenzen des Plagiats in wissenschaftlichen Arbeiten verweisen aber – im Blick auf den korrekten und sorgfältigen Umgang mit Forschungsliteratur – lediglich ›nur‹ auf die Notwendigkeit, die eigenen und die fremden Gedanken, Argumente und Interpretationsideen sehr penibel voneinander unterscheidbar zu halten: Alles, was aus einem Forschungsbeitrag Dritter übernommen wird, muss als solches gekennzeichnet und nachgewiesen werden. Das umfasst

1. selbstverständlich jede wörtliche Übernahme von Formulierungen, ganzen Sätzen oder Absätzen aus einem Forschungsbeitrag,
2. auch nicht-wörtliche Anlehnungen an die Formulierung, die Argumentation oder den Gedankengang in einem Forschungsbeitrag, also indirekte Zitate,
3. darüber hinaus Ideen oder Interpretationshorizonte zu einem literarischen Gegenstand, die in einem Forschungsbeitrag entwickelt werden,
4. und schließlich auch dispositionelle Momente: Die nicht gekennzeichnete Übernahme der Disposition oder Gliederung eines fremden Textes erfüllt ebenfalls den Plagiatstatbestand.

Es gibt nicht nur, wie die obige Aufzählung unterstellt, Forschungsbeiträge, also wissenschaftliche Texte, aus denen plagiiert wird, sondern Plagiate aus Texten, die zudem u. U. jeder Wissenschaftlichkeit spotten: Wikipedia-Artikel oder noch viel schlechter beleumundete, viel schlechter gemachte, ja dubiose Internetquellen, Arbeiten jeden Niveaus auf »hausarbeiten.de«, sogar die Übernahme der B. A.-Arbeiten eines Bruders oder einer Schwester in die eigene Master-Arbeit ist vorgekommen. Das ist, juristisch, natürlich ein Plagiat, wenn es aber am gleichen Institut passiert, ist es darüber hinaus unendlich dumm. Diese Dummheit wird nur noch geschlagen von Hausarbeiten, in denen überraschenderweise einzelne Begriffe oder Begriffskombination grau gedruckt und unterstrichen sind: Der Verfasser hat sich in diesen Fällen nicht einmal die Mühe gemacht, die Links aus seinem beklauten Text zu tilgen (auch dafür gibt es ›echte‹ Beispiele!).

Für die Bewertung einer Arbeit spielt es allerdings letztlich keine Rolle, aus welcher Art von Texten ungekennzeichnete Passagen oder Argumente übernommen worden sind: Die, juristisch gesprochen, aufgrund der fehlenden Kennzeichnung widerrechtliche Aneignung des geistigen Eigentums Anderer stellt in jedem Fall einen Täuschungsversuch dar: Die wissenschaftliche Arbeit (ganz gleich, ob es die erste Proseminar-Arbeit oder die Doktorarbeit ist) wird auf jeden Fall mit »nicht ausreichend« bewertet. An den Universitäten haben sich unterschiedliche Usancen im Umgang mit »Plagiats-Sündern« entwickelt – sofern es sich um schriftliche Modulprüfungen handelt, deren Bewertungen *nicht* in die End- oder Fachnote eingehen: Mancherorts ist der Dozent oder die Dozentin, den oder die man zu täuschen versucht hat, für den oder die betreffende Studierende(n) für alle weiteren Modul- oder Abschlussprüfungen gesperrt, andernorts wird fakultäts- oder institutsintern eine ›schwarze‹ Liste geführt, die alle Lehrenden bei bestimmten Studierenden zu besonderer Aufmerksamkeit ermuntert; bei schon schwereren Täuschungsversuchen wird das gesamte Modul als nicht abgeschlossen gekennzeichnet und muss vollständig wiederholt werden (oder besser: es *darf* wiederholt werden – diese Möglichkeit stellt ja durchaus eine gewisse Kulanz dar!).

Im Fall des Täuschungsversuchs bei Abschlussarbeiten oder solchen Modulprüfungen, deren Bewertung endnotenrelevant ist, wird auf jeden Fall ein institutioneller Prozess in Gang gesetzt, der nicht mehr auf die Ebene der Lehrendenkonferenz eines Instituts oder nur eine Fakultät begrenzt ist. Ein übergeordneter Prüfungsausschuss – der i. d. R. nur mit derlei juristischen Fragen befasst ist, etwa Einsprüchen von Studierenden gegen Bewertungen ihrer Leistungen oder eben Plagiatsfällen – wird sich mit dem Fall befassen: Die betroffenen Prüfungsämter müssen Plagiatsfälle in Prüfungsleistungen grundsätzlich weiterleiten. Diesem Prüfungsausschuss obliegt nun die Bewertung des Schweregrads des aufgefallenen Täuschungsversuchs: Bei minderer Schwere wird die »Leistung« natürlich mit »nicht ausreichend« bewertet, darf aber wiederholt werden, bei größerem Umfang des Täu-

Strafbewertung des Plagiats als Täuschungsversuch

schungsversuchs wird zusätzlich der Fall an Justitiariat und Kanzler der jeweiligen Universität überwiesen, damit dort über den Umfang einer Geldbuße entschieden werde (die immerhin bis zu 50 000 € umfassen kann). Im allerschwersten Täuschungsfall (bei einer Master-Arbeit) droht dem Delinquenten die Aberkennung aller im Studium erworbenen Leistungen, die unbegrenzte Sperrung für die studierten Fächer für alle deutschen Universitäten und eine Geldstrafe von 50 000 € – eine Höchststrafe, die allein in NRW schon zweimal verhängt und verwaltungsgerichtlich bestätigt wurde.

Einfacher Ratschlag: Korrekt zitieren und nachweisen

Dem Vorwurf des Plagiats – oder der Gefahr des Plagiierens – kann man leicht entkommen: Zitieren ist nichts Ehrenrühriges, der Umgang mit vorangegangener Forschung notwendig für jede wissenschaftliche Arbeit, v. a. im Studium ist nicht (noch nicht einmal in der Master-Arbeit) eine genialische Originalität gefragt, sondern es gehört zum Aneignungsprozess wissenschaftlicher Verfahren, auch auf den Forschungsergebnissen anderer aufzubauen. Insofern gilt für alle oben aufgezählten Übernahmen oder Anlehnungen aus oder an genutzter Forschungsliteratur: Sie müssen als solche gekennzeichnet werden, mit Fußnote oder Klammeranmerkung, je nachdem, wie es beim jeweiligen Dozenten oder am Institut oder Seminar Brauch ist.

D. h. aber erstens: Alle Forschungsbeiträge, die für die eigene Arbeit irgendwie genutzt worden sind – auch wenn sie letztlich nicht wörtlich zitiert werden – müssen nicht nur im abschließenden Literaturverzeichnis aufgeführt, sondern bestenfalls auch in einer Fußnote genannt werden, damit gekennzeichnet wird, dass ein bestimmter Gedanke in Anlehnung an diesen Text entstanden sei. D. h. zweitens: Nur wissenschaftliche Literatur ist überhaupt zitierfähig. Die oben genannten ›dubiosen‹ (Internet-)Texte, die oft plagiiert werden, gehören nicht einmal mit penibelstem Nachweis in eine wissenschaftliche Hausarbeit. In dieser geht es nämlich darum, *Forschungsergebnisse* anderer für die eigene Arbeit am Gegenstand nutzbar zu machen, nicht irgendwelche zweifelhaften Gesinnungsergüsse oder halbgebildetes Geschwafel.

Viele der leistungsfähigeren oder -starken Studierenden haben, insbesondere seit den prominenten Plagiatsfällen, die Befürchtung, ungewollt in eine Plagiatsfalle zu tappen. Angenommen, man komme angesichts eines Textes oder Textdetails auf eine wirklich gute Idee, die sich auch sehr gut plausibilisieren ließe – und bei der nachherigen Erarbeitung der Forschungsliteratur sehe man dann, dass es diese Idee so oder so ähnlich schon gebe. Wenn man dann in einer schriftlichen Hausarbeit die eigene Idee tatsächlich zunächst als eigenen Gedanken entwickle und erst dann darauf hinweise, dass auch Autor X und Autorin Y diesen schon so oder so ähnlich formuliert hätten: Setze man sich dann nicht grundsätzlich dem Verdacht aus, zu plagiieren, das Fremde als Eigenes auszugeben?

Auf diese, zugegebenermaßen nachvollziehbar sorgenvolle, Frage gibt es nur eine sinnvolle Antwort: Keine Angst! Seien Sie gelassen! Im Normalfall trauen die Lehrenden in den Literaturwissenschaften ihren Studenten durchaus zu, gute Ideen haben und plausibilisieren zu können, Ideen, die einerseits ›originell‹ sind (also in eigener Arbeit mit dem Text entwickelt), die andererseits aber auch schon (wie man später feststellt) so oder so ähnlich von anderen gedacht worden sind. Die Art und Weise, *wie* der eigene Gedanke entwickelt, ausformuliert und plausibilisiert wird, unterscheidet sich mit einiger Sicherheit von den sehr ähnlich lautenden Forschungspositionen so, dass der oder die Lehrende die ›Originalität‹ der Idee erkennt oder für glaubwürdig erachtet. Zudem wird ja nicht verschwiegen, dass Autor X und Autorin Y die Idee schon so oder so ähnlich formuliert haben. Diese Tatsache macht nicht die ›Originalität‹ der eigenen Idee zunichte – ganz im Gegenteil: Man bekommt ja gleichsam von höchster Stelle, aus dem prominenten Chor der Forschungsmeinungen, mitgeteilt, dass man recht habe, dass man selbständig einen sehr guten und plausibilisierbaren Gedanken entwickelt habe!

3.4 Disposition und Konzeption

Bevor überhaupt aus dem relativ unüberschaubaren, zumindest aber montagehaft-inkohärenten Mosaik aus eigener Textbeobachtung und Exzerptnotizen ein geschlossener Text gemacht werden kann, muss zunächst das Material, das die bisherigen Arbeitsschritte ergeben haben, auf eine ganz bestimmte Weise gegliedert, gruppiert werden zu annähernd gleich großen Abteilungen, in einer bestimmten Reihenfolge sortiert. Der erste Schritt zur Herstellung des eigentlichen Hauptteils der Arbeit ist also die Disposition des Materials, die Konzeption einer sinnvollen argumentativen Logik, nach welcher die Argumentation gegliedert werden soll – mit einem technischeren Ausdruck, der aber das Tatsächliche recht gut bezeichnet: das (spätere) Inhaltsverzeichnis der Arbeit.

Vorab ein Hinweis, zugleich eine Mahnung zur Geduld: Diese Disposition des Materials ist meist der schwierigste Schritt, derjenige, der am ehesten verlangt, höchst selektiv mit dem bisher gesammelten Material umzugehen, ganze Textabschnitte der Datei »Primärtextexzerpt + Forschungsexzerpt« umzustellen, zu kürzen oder ganz zu verwerfen – der Arbeitsschritt, der einerseits den kompetenten Überblick über das Material verlangt und der andererseits genau diese Souveränität dokumentiert: In der Art und Weise, wie das Material sortiert, wie die Argumentation aufgebaut wird, zeigt die Arbeit ihrer Leserin oder ihrem Leser (und das ist ja meist jemand, der Zensuren verteilt) erstens, von welchem Ausgangspunkt über welche Wege zu welchem Ziel sie gelangen will; zweitens aber drückt sich eben in dieser Argumentationsplanung aus, in wie hohem Maße Autorin bzw. Autor kompetent mit ihrem bzw. seinem Gegenstand und dem erforderlichen analytischen, wissenschaftlichen Instrumentarium umgehen kann.

Der Weg der eigenen Argumentation: Gliederung

Die Disposition des Materials, die Konzeption des Aufbaus einer Arbeit ergibt sich nicht von selbst, sie erschließt sich auch nur in den seltensten Fällen ausschließlich aus dem Material oder liegt offen zu Tage. Sie ist Ergebnis konsequenter Erarbeitung des Materials, der Einsicht in mögliche oder sinnvolle Argumentationsabfolgen bzw. aufeinander aufbauende Abschnitte – nicht selten allerdings bedarf die Konzeption zuallerletzt eines gewissen Esprits, eines ›inspirierenden Funkens‹, eines ›Geistesblitzes‹ oder einer ›Eingebung‹, einer kleinen Portion ›genialer‹ Kreativität sozusagen, die den inneren Zusammenhang der Arbeit plötzlich erhellt.

Mahnung zur Geduld

Dennoch ist es natürlich sinnvoll, sich mit handwerklichen Mitteln dieser Disposition anzunähern, sie auf rational-planende Weise zu realisieren – allerdings mit ein wenig abwartender Geduld, ob sich der letzte innere Zusammenhang nicht schließlich wie durch Inspiration ergeben möge. Grundsätzlich nämlich gilt: Je mehr man im Material steckt, desto eher kommen die Ideen, die man braucht.

Besonders im Fall einer in einer frühen Studienphase zu schreibenden Arbeit empfiehlt es sich grundsätzlich, die in Aussicht genommene Konzeption, die Gliederung, das spätere Inhaltsverzeichnis mit der Dozentin oder dem Dozenten kurz abzusprechen – ein weiterer Besuch der Sprechstunde ist also notwendig! Einerseits ist man jetzt, nach der intensiven Erarbeitung und Zusammenführung von Primär- und Sekundärmaterial, in der Lage, die sachlichen Grundlagen für die gewählte Konzeption zu erläutern, zu begründen und notfalls zu verteidigen. Andererseits aber können schwerer wiegende Ungleichgewichte der Argumentation, problematische Anordnungen oder auch Fehlstellen ausgeglichen oder behoben werden; Hinweise zu einer wahrscheinlichen oder drohenden Überlänge der Arbeit können viel unnötige Arbeit ersparen – etwa durch den Tipp, ein bestimmtes Kapitel ganz wegzulassen, radikal zu kürzen, lediglich als Ausblick in den Schluss zu übernehmen o. Ä. Dieser in sehr vielen Fällen sinnvolle Sprechstundenbesuch begünstigt grundsätzlich, die Arbeitsaufgabe erfolgreich und zur eigenen Zufriedenheit zu absolvieren.

Absprache der Gliederung in der Sprechstunde

Wie lässt sich nun, auf dem Hintergrund des bereits erarbeiteten und zusammengetragenen Materials, eine solche Konzeption entwickeln? Welche Kriterien lassen sich aus dem Material ableiten, nach denen der Hauptteil der Arbeit gegliedert werden könnte? Die Kategorien, die aus der eigenen Texterarbeitung als Schwerpunkte der Wahrnehmung, Beschreibung und Analyse des Textes hervorgegangen sind, stellen die Basis der Disposition dar; die unter diesen Kategorien rubrizierten eigenen Notizen und Exzerpte werden überführt – zunächst in einem ganz vorläufigen Sinne – in die Abschnitte des späteren Hauptteils, in die Unterkapitel der Arbeit. Im besten Fall ist also die Konzeption einer schriftlichen Arbeit der Effekt der Lektüre selbst, denn diese hat ja erstens schon die Gliederung der eigenen Textbeobachtungen vorgegeben, hat zweitens auch die Lektüre der Forschungsliteratur strukturiert – rein ökonomisch erscheint es sinnvoll, auch von diesen Ergebnissen der Primärtextlektüre ausgehend zunächst die Disposition des Gesamtmaterials vorzunehmen.

Gliederungspunkte: Die eigenen Beobachtungskategorien

Ein Beispiel

Beispielhaft lässt sich das wiederum an der Bildungsthematik in Goethes *Wilhelm Meister* vorführen: An unterschiedlichen Figuren, in unterschiedlichen Passagen des Romans werden ebenso unterschiedliche Konzepte von Bildung illustriert: akkumulative, organologische, pädagogische, religiöse Bildungskonzepte. Wenn diese die Leitkategorien der eigenen Textwahrnehmung waren, so dürfen sie auch die Leitaspekte der Gliederung sein. Die Disposition des Materials wird also idealerweise abgeleitet aus den eigenen Leseergebnissen, ist mithin das Substrat eines immer noch individuellen Zugangs zum Text. Sie lässt damit für die Leserin, den Leser der Arbeit erkennen, welches Hauptaugenmerk die jeweilige Lektüre des literarischen Textes dominiert hat, lässt gleichsam den immer noch individuellen Zugang erkennen (auch bei aller späteren Einarbeitung der Forschungsliteratur).

Die Gliederung der Hausarbeit insgesamt lässt sich ganz schlicht folgendermaßen darstellen: Einleitung, gegebenenfalls Forschungsbericht, Hauptteil bzw. Hauptteile, Schluss, Literaturverzeichnis.

Die Einleitung sollte allerdings erst nach dem Hauptteil verfasst werden, da erst jetzt Ausgangspunkt, Weg und Zielpunkt der eigenen Argumentation ganz klar sind. Vor allem, da sich die einzelnen Argumentationsschritte sowie der tatsächlich erreichte Zielpunkt der eigenen Arbeit erst im Schreiben selbst ergeben, muss die Einleitung später abgefasst werden. Hier nämlich wird die Frage an den Gegenstand formuliert, auf die die Arbeit eine Antwort ist! Vor aller Arbeit am (gegebenenfalls Forschungsbericht und) Hauptteil aber sollte an Stelle der späteren Einleitung hier wenigstens schon einmal die Ausgangshypothese formuliert werden – die ja das Resultat der Textbeschreibung ist –, womit schon eine ungefähre Verständnisfolie für die im Hauptteil zu leistende Sichtung und Disposition sowie die Durchführung des Materials gegeben ist, eine Fragestellung, von der aus der Text erarbeitet werden soll. – Natürlich gilt auch für den die Ergebnisse zusammenfassenden Schluss, dass er erst nach Ende der Arbeit am Hauptteil geschrieben wird.

Einleitung zum Schluss schreiben!

Ausgangshypothese

Zwischen Einleitung und Hauptteil kann – was sich bei größeren Projekten (im M. A.-Studium oder bei Abschlussarbeiten) auch empfiehlt – ein Forschungsbericht eingeplant werden. Dieser ist dann sinnvoll, wenn für die Arbeit eine relativ große[17], möglicherweise auch in verschiedene historische oder methodologische Gruppen zerfallende Menge Forschungsliteratur aufgearbeitet worden ist. Der Forschungsbericht gibt nun einen knappen Überblick darüber, was zum Gegenstand, zum einzelnen Text oder zur spezifischen Problemstellung in der Forschung bereits wann und von wem gesagt worden ist. Und dieser Forschungsbericht – das bezieht sich zurück auf die Aus-

In großen Arbeiten: Forschungsbericht

---

17 Genauere zahlenmäßige Angaben zur Menge der heranzuziehenden Forschungsliteratur in Hauptseminar- bzw. Abschlussarbeit sind eigentlich nicht möglich. Zur ungefähren Orientierung mögen folgende Hinweise dienen: Eine Hauptseminararbeit sollte auf 10–20 Forschungsbeiträge rekurrieren, eine Bachelor-Arbeit auf 20–30, eine Master-Arbeit auf 50–80.

führungen zum Umgang mit Sekundärliteratur (vgl. S. 78–87) – sollte nicht einfach chronologisch geordnet sein; vielmehr sollte der Forschungsbericht nach den methodologischen Ansätzen verschiedener Sekundärtexte gegliedert werden, sollte einzelne Interpretationen einordnen in eine bestimmte literaturtheoretische Tradition oder Linie, sollte Gruppierungen und Oppositionen, Traditionsaufnahmen oder Paradigmenwechsel erkennen und erkennbar machen.

Die Gruppierung der Sekundärliteratur betrifft möglicherweise auch die eigene, später im Hauptteil durchgeführte Arbeit am Text: Die Sekundärliteratur kann im Forschungsbericht so angeordnet werden, dass jeweils nicht nur zusammengefasst wird, welche Aussagen aus welchem Blickwinkel über den literarischen Gegenstand gemacht werden, sondern dass auch aufgezeigt wird, welche Aussagen unter diesem Blickwinkel eben (noch) nicht gemacht werden oder gemacht werden konnten. Einerseits profiliert dies die forschungsgeschichtliche Leistung des jeweils neueren, Neues in den Blick nehmenden Ansatzes deutlicher, andererseits lassen sich so aber gerade Forschungsdesiderate aufzeigen, d. h. Wahrnehmungs- oder Deutungslücken, zu deren teilweiser Schließung dann die eigene Deutung beitragen kann. Der systematische – und als eigenes Kapitel ausgeführte – Überblick über die Forschungslage führt also auch immer zur Selbstverständigung über den eigenen Ansatz, über die Stellung, die die eigene Stimme im Dialog der Forschungsmeinungen einnimmt.

Wenn dies gelingt und der Forschungsbericht die Sekundärliteratur zum Gegenstand der Arbeit verschiedenen methodologischen Positionen, Gruppierungen und Traditionen zuordnet, ergibt sich zuallererst der Vorteil, dass man der oder dem Korrigierenden von vornherein zeigt, wie viel man erstens überhaupt gelesen und verstanden hat und dass man zweitens dieses Gelesene methodologisch identifizieren und zuordnen konnte. Darüber hinaus ist es dann später, wenn im Hauptteil der Arbeit auf den einen oder anderen Forschungsbeitrag zurückgegriffen wird, nicht mehr nötig, die literaturtheoretische Zugehörigkeit des jeweiligen Aufsatzes ausführlich kenntlich zu machen – der Forschungsbericht weist diese Zuordnung ein für alle Mal nach. Das große Feld der Sekundärliteratur ist im Forschungsbericht so geordnet,

Sichtbarmachung von Forschungslücken

Vorstrukturierung der Arbeit mit der Forschung

dass der Umgang mit Positionen und Deutungsansätzen der Forschung im Hauptteil der Arbeit erheblich erleichtert wird.

Bei einer kleineren Arbeit in der frühen Phase des B. A.-Studiums, die im Normalfall mit 5–10 Forschungsbeiträgen operiert, ist ein eigenständiges Kapitel »Forschungsbericht« nicht nur unnötig, sondern wäre auch, mit diesem Titel, Etikettenschwindel: Nötig ist tatsächlich nur ein annähernd vollständiger Überblick über den (hier kleineren) Ausschnitt der literaturwissenschaftlichen Forschung zu einem bestimmten Gegenstand. Gleichwohl ist es auch angesichts kürzerer Arbeiten sinnvoll und im Einzelfall auch notwendig, die ausgewählten einschlägigen Aufsätze (und gegebenenfalls Bücher) erstens methodologisch zu gruppieren und zweitens – etwa in einem Abschnitt der Einleitung – knapp vorzustellen, um den eigenen Zugang diesem Ausschnitt der Forschungsdiskussion zuordnen zu können.

Der Hauptteil ist also, wie schon ausgeführt, dadurch gegliedert, dass die beispielsweise fünf Schwerpunkte der Textbeobachtung (die beim Primärtextexzerpt schon die Hauptbeobachtungskategorien waren) zu Abschnitten des Hauptteils umgewandelt werden (oder, um ein zweites Beispiel für eine mögliche Gliederung einzuführen: in z. B. jeweils drei Abschnitte von zwei Hauptkapiteln. Alle Mengenangaben zu Abschnitten und Kapiteln, die im Folgenden genannt werden, haben beispielhaften Charakter; hier kann es keine formelle Regel geben – vielleicht nur diese: Die Gliederung muss immer so sein, wie es der Gegenstand verlangt!). Zur Wiederholung: Diese Gliederung ist immer noch nur vorläufig, eine Hilfskonstruktion auf dem Weg zur systematischeren Darstellung des eigenen Textverständnisses. *(Kategoriale Ordnung des Hauptteils)*

Äußerst wichtig allerdings bei der Planung dieses Hauptteils (oder dieser Hauptteile) ist die Wahrung der inneren Balance der Disposition: die Bemühung, die beispielsweise fünf Hauptabschnitte des Hauptteils (oder die jeweils drei der beiden Hauptkapitel) etwa gleichgewichtig zu planen. Die einzelnen Abschnitte des Hauptteils liegen nämlich auf e i n e r Hierarchieebene der Gliederung – und das verlangt, dass sie auch ungefähr das gleiche Gewicht in der Argumentation und, daraus resultierend, in etwa auch die gleiche Länge in der späteren Aus- *(Ausgewogenheit der Kapitelaufteilung)* arbeitung bekommen müssen. Das gilt umso mehr, wenn man sich für zwei nochmals unterteilte Hauptkapitel entscheidet: Diese beiden müssen ungefähr gleichgewichtig sein, ebenso wie ihre Abschnitte untereinander.

> Teile oder Abschnitte einer geplanten Arbeit, die sich auf der gleichen Hierarchieebene der Gliederung befinden, müssen in einem ausgewogenen Verhältnis zueinander stehen, müssen ungefähr gleiches Gewicht haben.

Natürlich kommt es bei diesen letztlich an der Seitenzahl ablesbaren Gewichtungen nicht auf eine halbe Seite, oder, bei größeren Arbeiten, auf ein oder zwei Seiten an: Es ist unsinnig, einen zu klein erscheinenden Teil rhetorisch aufzublasen, um ihn auf eine den anderen Teilen angemessene Größe zu bringen – eher ist dann zu überlegen, ob dieser kleinere Abschnitt den Status eines eigenen Kapitels möglicherweise gar nicht verdient und in einen der größeren Abschnitte integriert werden kann.

Wesentlich bei der Konzeption des Hauptteils – noch hat das Schreiben gar nicht begonnen – ist zunächst die eigene Einschätzung des argumentativen Gewichts eines zu planenden Abschnitts, die Einschätzung, ob dem Gedankenschritt, der Textbeobachtungs- oder Analysekategorie usw. tatsächlich eine Wichtigkeit zukommt, die erlaubt, ihm oder ihr ein eigenes Kapitel oder Unterkapitel zu widmen. Oder aber wird es nötig, diesen kleinen einem größeren argumentativen Schritt unterzuordnen? Oder erscheint es sogar sinnvoll, einen noch anwachsenden Abschnitt in zwei Schritte zu zerlegen? Kriterium für diese Einschätzungsarbeit ist letztlich nur das Material, das in Texterarbeitung und Exzerpten gesammelt und schließlich zusammengestellt worden ist – hier lässt sich ja schon in etwa das Gewicht eines Abschnitts absehen.

Hierarchie (-ebenen) der Argumente

Da letztlich aus der sorgfältigen Planung des Hauptteils (oder der Haupt-teile) das Inhaltsverzeichnis der Arbeit hervorgehen soll, wird die gedank-liche Leistung, die hinter der Disposition des Materials und der Konzep-tion der Arbeit steht, beim Blick auf das Inhaltsverzeichnis schon ersicht-lich, bevor die (korrigierende!) Leserin oder der Leser überhaupt begonnen hat, den Text selbst zu lesen.

Wie man schließlich das Inhaltsverzeichnis durchnummeriert, welche Darstellungsform der unterschiedlichen Hierarchieebenen man letzt-lich wählt, muss jetzt noch gar nicht entschieden werden – klar muss nur die Abfolge der Argumente und ihre Anordnung auf verschie-denen Hierarchieebenen sein. Unterschiedliche Nummerierungsmög-lichkeiten werden in Kap. 3.7 c vorgestellt.

3.5 Abfassung des Hauptteils der Arbeit

a) Abfassung der Einzelkapitel

Die Konzeption der Arbeit ist also der Versuch, das vorliegende Mate-rial aus Texterarbeitung und Exzerpten so aufzuteilen und anzuord-nen, dass es einerseits den Kategorien folgt, die die Ergebnisse der Texterarbeitung waren und als solche die Arbeit an der Sekundärlite-ratur geleitet haben, dass es andererseits unter Beachtung einer annä-hernd ausgewogenen inneren Balance gegliedert ist. Diese Disposition des Materials ist unbedingte Voraussetzung der tatsächlichen Schreib-arbeit. Deren Beginn setzt, wie schon angedeutet, auf keinen Fall bei der Einleitung ein, sondern bei den einzelnen Abschnitten des Haupt-teils (oder der Hauptteile) – hier allerdings am besten in der vorgese-henen Reihenfolge.

Die Abfassung der einzelnen Abschnitte des Hauptteils ist, radikal vereinfachend und zugleich auch rein handwerklich ausgedrückt, zu-nächst nicht viel mehr als die redaktionelle Überarbeitung desjeni-

Redaktion des erarbeiteten Materials

gen Textes, der als Sammeldatei sowohl die eigene Textbeschreibung mitsamt Analyseergebnissen als auch die eingefügten Exzerptnotizen enthält. Diese Überarbeitung wird am besten direkt am Computer vorgenommen. Zunächst wird dazu die Sammeldatei aus Primärtexterarbeitung und Exzerpten unter einem neuen Dateinamen im Ordner »Hausarbeit Wilhelm Meister« abgespeichert: etwa »Hausarbeit Fassung 1«. Sodann werden die Kapitelüberschriften – ruhig schon mit »Einleitung« und »Schluss« – in den Text eingefügt, um dann mit der Umwandlung der bisher nur ›montierten‹ Bestandteile der einzelnen Abschnitte in einen kohärenten Text zu beginnen. Im Zuge dieser Bearbeitung werden auch grundsätzlich alle Verweise in Klammern, die am Ende der einzelnen Exzerptnotizen die Herkunft des Zitats oder Teilzitats angeben, in Fußnoten verwandelt. Dazu reicht es zunächst aus, hinter das Zitat oder den entlehnten Gedanken eine Fußnotenziffer zu setzen und in die Fußnote hinein einfach die eingeklammerte Stellenangabe zu übertragen. So wird der Haupttext von störenden Klammern befreit, die Zitatnachweise in den Fußnoten werden vorbereitet. Hinweise zur genauen Form der Fußnoten gibt Kap. 3.7 c.

Bei der eigentlichen Abfassung des Hauptteils kommt es nun darauf an, einerseits deutlich das eigene Verständnis, die eigene Sicht des literarischen Gegenstandes zu profilieren, diese andererseits aber in eine produktive Diskussion mit den verschiedenen Positionen der Forschungsliteratur zu bringen. Diese Auseinandersetzung zwischen der eigenen begründbaren Lektüre des Textes mit den (wissenschaftlichen) Lektüren anderer muss im Hauptteil einer schriftlichen Hausarbeit ausgeführt werden. Der Dialog mit der Forschungsliteratur besteht weitgehend im Abwägen der Plausibilität eigener und fremder Argumente, in der Gedankenbewegung zwischen eigenem und fremdem Verständnis, angereichert durch eine Fülle erst mit Hilfe der Forschungsliteratur erworbenen Wissens.

Dialog der eigenen Deutung mit der Forschung

Wie die eigene Verständnishypothese auch immer gegenüber unterschiedlichen Positionen der Forschungsgeschichte steht, ihre Diskussion mit der Forschung sollte den jetzt ausformulierten Text strukturieren. So kann das bloße Aneinanderreihen von Zitaten vermieden

werden, alle zitierten Positionen werden aus einer gleichsam gehobe-
nen, einen größeren Bereich der Forschung überblickenden Perspektive einander zugeordnet.

1. Im ersten und einfachsten Fall bestätigen beispielsweise zwei der
Forschungsbeiträge die in der eigenen Texterarbeitung zustande ge-
kommene Deutung etwa einer bestimmten Passage eines Romans.
Wird hier in der Forschung die eigene Erkenntnis so präzis formuliert, dass es besser nicht möglich ist, dann ist es natürlich sinnvoll,
diese Formulierung direkt in der Darstellung des Textverständnisses zu zitieren. Soll diese ganz in eigenen Worten formuliert werden, wird im Anschluss an die Verständnisthese eine Fußnote gesetzt, die etwa in folgender Weise auf die Bestätigung der eigenen
Interpretation durch zwei Sekundärautoren hinweist: »Diese Deutung wird gestützt durch Selbmann, Bildungsroman, S. 65, und
Meier, Wilhelm Meister, S. 123.« Gegebenenfalls kann es sogar sinnvoll sein, die entsprechenden Passagen aus den beiden Beiträgen
ganz oder teilweise zu zitieren; ebenso ist es hier angebracht – wenn
nicht schon in einem einleitenden Forschungsbericht geklärt –, die
methodologische Position der jeweiligen Autoren anzugeben. Die
Fußnote könnte dann lauten: »Diese Deutung stützt aus gattungs-
geschichtlicher Perspektive Selbmann, Bildungsroman, S. 65; Meier
(Wilhelm Meister, S. 123) kommt auf formanalytischem Wege zu
einem vergleichbaren Ergebnis.«

Bestätigung durch die Forschung

2. Ein zweiter möglicher Fall ist schon ungleich komplizierter: Zwei
Forschungsbeiträge stützen die eigene Position, zwei weitere kommen zu einer ganz entgegengesetzten Deutung. Angesichts dieser
Forschungslage ist zunächst zu entscheiden, ob die Auseinandersetzung der verschiedenen Deutungsperspektiven so wichtig ist, dass
sie im Haupttext ausgetragen werden soll – oder aber eher von ne-
bensächlicherem Status, sodass es reicht, ihr einigen Raum in einer
Fußnote einzuräumen.

Einander entgegen-gesetzte For-schungs-positionen

Wird diese Auseinandersetzung im Haupttext ausgetragen, beginnt
man am besten wiederum mit der Entwicklung des eigenen, noch
hypothetischen Anfangsverständnisses der entsprechenden Pas-

sage. Unter Angabe des jeweiligen methodologischen Zugangs zum Gegenstand und möglichst unter Wahrung der ursprünglichen Chronologie der Forschungsdiskussion werden nun, durchaus ausführlich zusammenfassend oder zitierend, die unterschiedlichen Forschungspositionen gegeneinander geführt. Dabei ist es in jedem Fall sinnvoll, hin und wieder den nachvollziehenden oder kontrollierenden Blick auf den literarischen Text selbst zu richten – zum einen, um die Argumentation der Forschungsbeiträge noch besser zu verstehen, zum anderen, um möglicherweise schon auf etwaige Ungenauigkeiten der dortigen Textarbeit hinzuweisen. Letztlich soll nämlich die Arbeit, unter Abwägung aller vorgetragener Argumente und deren Plausibilität, zu einem begründeten Verständnis der Textpassage, der Figurenkonstellation o. Ä. kommen; ein Verständnis, das die Hilfestellungen bestimmter Forschungsbeiträge argumentativ nutzt und gleichzeitig die den eigenen und anderen widersprechenden Positionen anderer begründet abwägt oder im Einzelfall sogar widerlegt.

Betreffen die voneinander oder von der eigenen Ausgangshypothese abweichenden Forschungspositionen eher nebensächliche Details des Primärtextes, die für die Hauptargumentation keine besondere Rolle spielen, oder geht es in den Abweichungen lediglich um Nuancen der Auslegung, kann es sinnvoll sein, diesem Teil der Forschungsdiskussion lediglich einigen Raum in einer Fußnote einzuräumen. Im Anschluss an die plausible Begründung der Ausgangshypothese – möglicherweise unter Verweis auf uneingeschränkt bestätigende Forschungspositionen – werden in einer Fußnote knapp die einschlägigen Deutungsnuancen oder marginalen Abweichungen skizziert. Wesentlich ist hier aber dennoch, die methodologische Kennzeichnung der verschiedenen Positionen erkennbar werden zu lassen. Die Fußnote könnte dann lauten: »Im Hinblick auf das Motiv x kommt Schultz aus neostrukturalistischer Perspektive zu einer etwas anderen Deutung (Diskurse der Bildung, S. 245), die auch Neumann, wenngleich wiederum mit leichten Modifikationen, in seiner diskursanalytischen Untersuchung teilt (Erziehungsromane, S. 356).«

3. Der schwierigste Fall liegt dann vor, wenn die eigene Ausgangshypothese zu einer bestimmten Textpassage einerseits von keinem
der zur Kenntnis genommenen Forschungsbeiträge geteilt oder unterstützt, sondern vielmehr scheinbar widerlegt wird, wenn man
aber andererseits die eigene Hypothese für so plausibel hält, dass sie
der widerstreitenden Forschungsmeinung (der eigenen Einschätzung nach) standhalten kann. In diesem Fall muss zunächst die eigene Deutung ganz eng am Text plausibel begründet werden –
möglicherweise im Anschluss an selbsterarbeitetes Material (etwa
Briefstellen, Tagebücher o. Ä. aus der Feder der Autorin oder des
Autors, historische Daten oder Dokumente usw.). Im Anschluss
daran muss die widerstreitende Forschung in ihrer Vielstimmigkeit
und auf dem Hintergrund der jeweiligen methodischen Ausrichtung vorgestellt werden, sodass die (eigener Einschätzung nach)
geringere Plausibilität der dort vorgetragenen Argumente erkennbar wird.

Widerspruch von allen Forschungsbeiträgen

> Jede studentische wissenschaftliche Arbeit, jeder Gegenstand ermöglicht
> prinzipiell solche neuen, innovativen Perspektiven; gleichgültig in wel-
> cher Studienphase sollte jede(r) sich zutrauen, augenscheinlich von der
> Forschung unberücksichtigt gelassene Deutungsmöglichkeiten eines Tex-
> tes gegen den Chor der Forschungsmeinungen durchzusetzen: Kriterium
> ist ausschließlich die Plausibilität der Begründung (am Text, den Doku-
> menten usw.). Solange eine Deutungshypothese am Text begründet wer-
> den kann, ist das Argument stichhaltig. Man sollte sich allerdings die
> Mühe machen, ganz offensichtliche Irrtümer auszuschließen – zum Bei-
> spiel peinliche Anachronismen wie die »Deutung der *Leiden des jungen
> Werthers* vor dem Hintergrund der französischen Revolution«.

Die einzelnen Abschnitte des Hauptteils, wie sie in der Disposition des
Materials, in der Konzeption der Arbeit geplant wurden, sind also
gleichzeitig die ausformulierte Erarbeitung des Primärtextes bis zu einer eigenen Deutung und an den entsprechenden Stellen die Diskus-

sion mit der Forschungsliteratur selbst – die das eigene Verständnis dann bestätigt, modifiziert, mit Informationen anreichert oder auch korrigiert. Wichtige Argumente aus dieser Forschungsdiskussion gehören als Zitate in den Haupttext, eher marginale Argumente oder Nuancen gehören entweder als Zitat oder nur als Verweis in die Fußnoten. Wenn sich der eigene Text zwar nicht wörtlich, doch in gedanklicher Entlehnung mehr oder weniger eng an einer bestimmten Forschungsposition orientiert, so ist dies immer ein indirektes Zitat. Die Redlichkeit gebietet grundsätzlich, diese gedankliche Entlehnung zu kennzeichnen – in der entsprechenden Fußnote wird dies durch ein »vgl.« angegeben: »Vgl. Selbmann, Bildungsroman, S. 65«. In dem speziellen Fall aber, dass man selbst in der Texterarbeitung einen bestimmten Gedanken entwickelt hat, der sich dann auch in zwei oder drei der ausgewählten Forschungstexte wieder findet, muss diese deutende Eigenleistung nicht hinter einem »vgl.« versteckt werden – damit würden die Ergebnisse der eigenen Arbeit verschenkt; hier könnte in der Fußnote etwa stehen: »Diese Interpretation des Motivs organologischer Bildung wird gestützt durch Selbmann, Bildungsroman, S. 65« oder »Diese Deutung des Motivs organologischer Bildung findet sich auch bei Selbmann, Bildungsroman, S. 65«. Wichtig ist allerdings, die Forschungsliteratur, die den selbst erarbeiteten Gedanken ebenfalls entwickelt hat, nicht zu unterschlagen – die Dozentin oder der Dozent muss anderenfalls unterstellen, es liege ein nicht gekennzeichnetes indirektes Zitat vor.

Umgang mit Forschungspositionen in Haupttext und Fußnote

b) Übergänge, Moderation

Wenn die beispielsweise fünf Abschnitte des Hauptteils geschrieben sind – und damit immerhin schon eine ansehnliche Menge Text entstanden ist –, steht die vielleicht wichtigere Aufgabe noch bevor: die moderierende, Schritt für Schritt weiterleitende, den roten Faden herstellende Verbindungsarbeit, die aus den Einzelteilen der Abschnitte eine kohärente Arbeit macht, die in Leserin und Leser den Eindruck des gleichsam geschlossenen Ganzen erweckt.

Angesichts der Notwendigkeit dieser Verbindungsarbeit ist augenfällig, wie viel Mühe man sich unnötigerweise einhandeln würde, wenn die Arbeit zu viele zu kleine Kapitelchen und Unterkapitelchen enthielte (mit dementsprechend vielstelliger Dezimalnummerierung). Jede Kapitelgrenze macht einen moderierenden Zwischentext nötig – und zerschneidet, im Fall zu kleinschrittiger Gliederung, oft in unsinniger Weise ein großes Argument in viele kleine Pseudoargumente. Die literaturwissenschaftlichen Gegenstände erlauben praktisch niemals derart kleinschrittige Argumentation. Hier darf man großzügiger planen, argumentieren und schreiben – aber ein fünfzehnseitiges Kapitel in einer sechzehnseitigen Arbeit ist natürlich auch nicht sinnvoll. Das, was man sagen möchte, muss gegliedert sein, muss in der Gliederung schon in seiner argumentativen Struktur, in seiner Gedankenführung transparent werden, sollte aber nicht so stark gegliedert sein, dass es in Einzelargumente zerfiele.

Groß-schrittig gliedern!

Problematisch oder sogar falsch – und gleichzeitig ein Zeichen dafür, dass man den Gegenstand der Arbeit nicht ganz verstanden hat – ist die (häufig als Anfängerfehler auftauchende und unbehandelt bis in die Prüfungszeit verschleppte) bloße additive Reihung der einzelnen Kapitel und Unterkapitel. Kapitelanfänge wie »Ein weiterer interessanter Punkt ...« oder »Wichtig ist auch noch ...« sind also unbedingt zu vermeiden; der so eingeleitete Abschnitt wird bloß additiv auf das Vorige bezogen und gleicht einem Eingeständnis, dass man zwischen den beiden Kapiteln keine Verknüpfungslogik außer der Reihung gefunden und damit weder den Gegenstand noch die Logik der eigenen Argumentation verstanden hat. Im Prinzip wären derart miteinander verbundene Abschnitte in ihrer Reihenfolge auch umstellbar, ohne dass sich an der Aussage viel ändern würde!

Logische, nicht additive Reihung!

Wie können nun die einzelnen Abschnitte des Hauptteils miteinander verbunden werden? Wie kann das gegebenenfalls bei zwei Hauptteilen gelingen? Wie wird der Hauptteil an die (noch gar nicht geschriebene) Einleitung und wie der (ebenfalls noch ausstehende) Schluss an den Hauptteil angebunden? Eine nützliche Hilfsvorstellung angesichts des bereits vorliegenden Textkonvoluts ist die des M o d e r a t o r s   i m   K o p f : Man betrachtet die Ergebnisse der bisherigen

Moderator im Kopf

117

Schreibarbeit als Wortbeiträge, die eine Redaktion zu unterschiedlichen, aber irgendwie zusammengehörigen Gegenständen angefertigt hat. Die Moderatorin oder der Moderator hat jetzt die Aufgabe, die logischen Verknüpfungen zwischen diesen einzelnen Beiträgen so herzustellen, dass sich der Zuhörerin oder dem Zuhörer (bzw. der Leserin oder dem Leser) die Zusammengehörigkeit der Einzelteile ebenso wie die Notwendigkeit oder der Sinn gerade dieser Reihenfolge sofort erschließt.

Genauso muss der Beginn eines neuen Kapitels der Arbeit für die Leserin oder den Leser (also meist für Dozentin oder Dozent) als völlig logische Folge des Schlusses des vorigen erscheinen, als gleichsam notwendige, fast alternativlos sich ergebende Konsequenz. Die Anschlüsse zwischen den Kapiteln müssen also mindestens den Eindruck vermitteln, die Argumente seien logisch aufeinander aufgebaut – was sie ja auch sind, wenn die Dispositions- und Konzeptionsarbeit vernünftig begründet war. Die Logik der Reihenfolge ist die Logik der Disposition des Materials, schon in diesem ordnenden Schritt vor aller Schreibarbeit am Hauptteil liegt die begründete Entscheidung darüber, was wie hintereinander zu schalten sei, und vor allem warum!

Solche moderierenden Übergangs- und Zwischentexte, die die argumentativen Scharniere zwischen zwei Kapiteln oder Abschnitten darstellen, lassen sich zunächst auf eine relativ schlichte, handwerkliche Weise herstellen (die natürlich bei einiger Übung und erworbener Souveränität auch einer kunstvolleren Gestaltung dieser Übergänge Raum lässt). Am Ende eines jeden Unterkapitels wird dies ganz kurz, in einer These, in ein bis zwei Sätzen zusammengefasst, um das Argument noch einmal auf den Punkt zu bringen. Ein Beispiel: »Die Analyse der Wassermetaphorik in Klopstocks *Frühlingsfeyer* hat ergeben, dass …«. In einem letzten Absatz eines Abschnitts oder Unterkapitels wird zunächst also der argumentative Schritt, den dieses Kapitel im Zugang auf den literarischen Gegenstand geleistet hat, in einer These zusammengefasst. Dieser letzte Absatz darf ruhig mit den Worten beginnen: »Zusammenfassend also lässt sich sagen …« oder »Um noch einmal zusammenzufassen …« oder »Insgesamt lässt sich also festhalten …«. Damit wird der Status dieses Absatzes klar und die Lektüre erleichtert.

Erster Schritt: Kleines Zwischenfazit

Daraufhin wird aus dieser Zusammenfassung eine weiterführende Frage abgeleitet, auf die das nächste Kapitel die Antwort ist. Ein ganz schematisches Beispiel: »Die Analyse der Wassermetaphorik in Klopstocks *Frühlingsfeyer* hat ergeben, dass ... Daraus ergibt sich die Frage, ob nicht auch die in der Wassermetaphorik mit eingeschlossenen Schöpfungsbilder unter ähnlichen Vorzeichen zu betrachten sind.« Sodann folgt Kapitel 2: »Schöpfungsmetaphern«. Am Beginn des nun einsetzenden folgenden Kapitels wird der Schluss des vorigen nochmals aufgegriffen – am besten nicht mit denselben Worten, aber so, dass Leserin oder Leser den Anschluss wiedererkennen, so, dass dieses Kapitel sichtbar an eine bestimmte Stelle im Argumentationsgang gerückt erscheint. Das neue Kapitel könnte, im Klopstock-Beispiel, so beginnen: »Auf dem Hintergrund der Analyse der Wassermetaphorik erscheint es notwendig, die Schöpfungsbilder der *Frühlingsfeyer* einer eingehenderen Untersuchung zu unterziehen.«

Zweiter Schritt: Weiterführende Frage

Im Verhältnis zu den einzelnen schon fertiggestellten Textabschnitten oder Wortbeiträgen der Arbeit verhält man sich also wie ein Moderator, der erstens die Gelenke herstellt, die zwischen den Gliedern vermitteln, der zweitens aber auch den Überblick über die gesamte Argumentation hat und diese souveräne Position auch ruhig zum Ausdruck bringen darf. Diese Verbindungskunst ist die hohe Kunst des Schreibens. Am Grad ihrer Beherrschung lässt sich erstens ermessen, wie weit die Fertigkeit des schriftlichen Umgangs mit dem wissenschaftlichen Gegenstand ausgebildet ist. Zweitens wird erkennbar, wie souverän die Verfasserin oder der Verfasser der Arbeit mit dem Gegenstand, der Forschung und dem wissenschaftlichen Instrumentarium hat umgehen können. Die Verbindungselemente erst weisen den Argumenten explizit ihren begründeten Platz in der Gedankenfolge zu, sie sind es, an denen sich das innere Verstehen der eigenen Argumentation offenbart.

Gelenke zwischen den Kapiteln

Hinweise zum Stil einer wissenschaftlichen Hausarbeit, zum Umgang mit Fremdwörtern, zu begrifflicher Genauigkeit und anderem mehr gibt Kap. 3.7 b.

3.6 Abfassung von Einleitung und Schluss

a) Einleitung

Erst jetzt, wenn der Hauptteil sowohl in seinen einzelnen Abschnitten als auch mit allen Überleitungen fertiggestellt ist, wird die Einleitung ins Reine geschrieben. Die Einleitung sollte, gleichgültig an welcher Stelle und in welcher Form, die Verständnishypothese, die der eigenen Texterarbeitung entsprang, enthalten, jene Hypothese, die ja den spezifisch eigenen Blickwinkel auf den Text und die Forschungsliteratur bedingt hat. Generell sollte die Einleitung, ganz schematisch gesprochen, drei Fragen beantworten (zunächst gleichgültig, in welcher Ausführlichkeit und stilistischen Blumigkeit):

1. Welcher Gegenstand wird
2. in welchen Argumentationsschritten, d. h. mit welcher Methode (!),
3. auf welches Ziel hin erarbeitet?

Der Gegenstand der Arbeit, das versteht sich von selbst, ist der literarische Text, das Gedicht, etwa Klopstocks *Frühlingsfeyer*, die Passagen aus *Wilhelm Meister* oder den *Buddenbrooks*, oder auch eine Gruppe von Texten, eine bestimmte Figurenkonstellation, eine literarische Gattung unter bestimmten historischen Bedingungen oder vieles andere mehr. Die Schritte, mit denen sich die Arbeit ihrem Gegenstand annähert, der Weg, den sie zurücklegt, ist ihre Methode. Diese bildet sich in der Argumentfolge des schon fertiggestellten Hauptteils ab: Jetzt, in der Einleitung, gibt man kurz an, wie die Argumentation aufgebaut ist, welchen Ausgangspunkt sie hat, in welchen Schritten sie verläuft. Und mit der Frage nach dem Ziel kommt die Verständnishypothese wieder ins Spiel: Das Ziel der Arbeit wäre die Überprüfung und Plausibilisierung der Hypothese, die am Ende der eigenen intensiven Primärtextlektüre stand.

Die Einleitung zu einer schriftlichen Arbeit könnte also lauten: »Am Gegenstand x soll in den Argumentationsschritten eins zwei drei vier fünf versucht werden, die Hypothese xy zu überprüfen oder ihre

Leistung der Einleitung (margin note)

Gegenstand, Methode, Ziel (margin note)

Richtigkeit zu erweisen.« Eine solche Einleitung wäre zumindest korrekt, wäre ausreichend – aber noch nicht elegant. Erstens nämlich ergäbe eine solche Formulierung einen Satz von großer Länge und einiger Unüberschaubarkeit, zweitens lassen sich Einleitungen ein wenig geschickter aufbauen.

Eine geschickte Einleitung muss das Leserwohlwollen gefangen nehmen und die Aufmerksamkeit von Leserin oder Leser sozusagen langsam auf den Gegenstand und die Untersuchungsfrage hinführen. Auch kann die geschickte Einleitung demonstrieren, dass man als Verfasserin oder Verfasser über ein größeres etwa literarhistorisches, gattungspoetologisches oder autorbezogenes Wissen verfügt, innerhalb dessen man den Gegenstand seiner Arbeit zu verorten in der Lage ist. Einleitungen sollten deshalb in drei Schritten zum Gegenstand der Arbeit hinführen:

Geschickte Einleitung

- Der erste Satz kann eine relativ allgemeine Äußerung sein etwa zum größeren literatur- oder gattungsgeschichtlichen Raum, in den sich das Thema einordnen lässt.
- Der zweite Satz fokussiert schon genauer etwa auf eine spezifische Textgruppe oder auch auf den Autor oder die Autorin, deren Gedicht, Drama oder Roman den eigentlichen Gegenstand bildet.[18]
- Erst der dritte Satz kommt zum Gegenstand selbst, bezeichnet also das Objekt der genaueren deutenden Überlegungen. Eine solche Einleitung könnte dann beispielsweise so beginnen:

18 An dieser Stelle sind natürlich die möglicherweise in der ersten Arbeitsphase, bei der Recherche nach Informationen und Forschungsbeiträgen zum Gegenstand in Literaturgeschichten, Epochenmonographien und anderen Nachschlagewerken gefundenen und exzerpierten Hintergrundinformationen zu Text und Autor(in) von größter Wichtigkeit – literatur- oder gattungsgeschichtliches Wissen hat man nicht von selbst, man muss es sich erwerben. Die Quellen, aus denen wir solch allgemeineres Wissen beziehen, müssen dann natürlich auch schon in der Einleitung angegeben werden.

121

Naturbetrachtung und religiöse Naturdeutung spielen in der Lyrik aus der Mitte des 18. Jahrhunderts – in je unterschiedlichen Ausprägungen – eine bedeutende Rolle. Eine spezifische und literaturgeschichtlich neuartige Ausprägung hat das Verhältnis von lyrischem Sprecher, Naturbetrachtung und religiöser Erhebung in den Oden und Hymnen Friedrich Gottlieb Klopstocks erfahren. Vor allem in seiner 1759 entstandenen Ode *Das Landleben*, 1771 mit dem Titel *Die Frühlingsfeyer* unter Veränderung der äußeren Gestalt nochmals publiziert und zu großer Berühmtheit gekommen, wird in programmatischer Weise der Dichter im Angesicht der Schöpfung in eine neue, religiös bestimmte Position erhoben.

Erst jetzt geht die Einleitung auf die einzelnen Argumentationsschritte ein, die den Hauptteil der Arbeit gliedern, um schließlich mit der Ausgangshypothese das argumentative Ziel zu bezeichnen, das die Arbeit zu erreichen sucht.

Elegante Einleitung

Noch eine Stufe eleganter wäre die Einleitung, wenn sie nicht unmittelbar mit sachlicher Argumentation (wie im obigen Beispiel) begönne, sondern – im Falle des Beispielthemas – etwa mit dem Zitat eines literarischen oder brieflichen Dokumentes der religiösen Naturbegeisterung, wie sie aus Klopstocks Ode spricht oder wie sie Klopstocks Texten entspringt: möglicherweise eine Passage aus einem Brief Klopstocks an Meta Moller oder, hier in idealtypischer Weise einschlägig, die berühmte Passage aus Goethes *Werther*, in der Lotte und Werther eben in Erinnerung an die *Frühlingsfeyer* in Tränen ausbrechen. Von einem solchen Zitat aus müsste natürlich dann wiederum eine Überleitung geschaffen werden zum argumentativ-darstellenden Beginn der eigentlichen Einleitung, wie ihn das obige Beispiel illustriert.

Überleitung in den Haupttext

Der Übergang zwischen der Einleitung und dem ersten Abschnitt des Haupteils sollte, wie bei jeder Kapitelgrenze, durch eine Anschluss- oder Anmoderation zu Beginn des Haupteils (bzw. seines ersten Abschnitts) überbrückt werden. Unter Rückbezug auf die Einleitung wird der Ausgangspunkt der Texterarbeitung, der Beginn des analytischen Verfahrens oder der argumentativen Reihe nochmals umrissen. Damit wird von Anfang an deutlich, dass man sich an jedem Punkt der Arbeit der Zugehörigkeit eines jeden Schrittes zu einem logischen und kohärenten Gedankengebäude bewusst ist.

b) Schluss

Wenn Hauptteil und Einleitung abgefasst sind, kann der Schlussteil der Arbeit geschrieben werden, der ein Fazit darstellen kann, also eine Gesamtzusammenfassung der Analyseergebnisse im Blick auf die in der Ausgangshypothese gestellte(n) Frage(n) an den Text. Möglicherweise gibt der Schluss auch einen Ausblick, erweitert den Blick auf den Gegenstand auf noch zu Untersuchendes hin, aus Zeit- oder Raumgründen in dieser Arbeit Unterlassenes: Hier werden Möglichkeiten geschaffen, an die Arbeit später, im Masterstudium oder in der Promotionszeit anzuschließen, aus einer kleineren Arbeit etwas Größeres zu machen, die Arbeit als Teil einer möglichen größeren Untersuchung zu kennzeichnen. *(Fazit und Ausblick)*

Häufig fragt man sich am Abschluss kleinerer oder größerer Studienarbeiten, ob es sich überhaupt lohne, noch einmal Mühe auf eine Schlussbemerkung zu verwenden, ob hier nicht bloße Wiederholung von bereits Gesagtem stattfinde. Selbst wenn das Letztere zuträfe, lohnt sich die Mühe. Schlussbemerkungen sammeln alle am Text und an der Forschung erarbeiteten Argumente und überprüfen sie im gesammelten Blick nochmals daraufhin, in welchem Verhältnis sie zu der Ausgangshypothese aus der Einleitung stehen. In der bloßen Abfassung eines Schlussteils demonstriert die Arbeit also den kompetenten Überblick über die Gesamtheit der eigenen und fremden Argumentationen, macht nochmals die eigene Kompetenz oder sogar Souveränität im Umgang mit Gegenstand und Forschung deutlich. *(Leistung des Schlusses)*

123

Handwerk-
licher Rat-
schlag

Handwerklich gesehen ist die Abfassung des Schlusses zunächst nicht kompliziert. Die einfachste und pragmatischste Lösung ist folgende: Die alle fünf Unterabschnitte des Hauptteils (bzw. drei der beiden Hauptteile) abschließenden Zusammenfassungen werden schlicht und einfach unter die Überschrift des Kapitels »Schluss« kopiert und redaktionell überarbeitet. Diese Überarbeitung hat einerseits das Ziel, aus der bloßen Montage der kopierten Einzelzusammenfassungen einen sinnvollen und syntaktisch kohärenten Text zu machen. Andererseits aber sollten die Formulierungen so abgeändert werden, dass zwar die einzelnen Argumente wiedererkennbar bleiben, nicht aber die Sätze selbst (die Leserin oder der Leser muss nicht unbedingt merken, dass man bei sich selbst abgeschrieben hat).

Ein derartiges Verfahren mag als vielleicht schamloseste Technik, eine Schlussbemerkung abzufassen, erscheinen – allerdings ist auf diese Weise auf jeden Fall sichergestellt, dass die Hauptergebnisse der Arbeit im Schluss noch einmal zusammengefasst sind. Und wenn die Bearbeitung des Rohtextes dieser Schlussbemerkung mit einigem stilistischen Feingefühl und Eleganz betrieben wird, stellt dieser Text tatsächlich einen würdigen und angemessenen Abschluss der Arbeit dar. Wenn man das vorgeschlagene Verfahren wenige Male vielleicht zunächst relativ schematisch angewandt hat, übt sich das Schlüsse-Schreiben nach und nach: Die Schlussbemerkungen formen sich schon während des Schreibens (am Hauptteil oder an der Einleitung) aus – und der Computer macht es ja auch möglich, gute Formulierungs- oder Zusammenfassungsideen für den Schluss schon einmal unter der entsprechenden Überschrift am Ende der Datei abzulegen.

Das Fazit
im Schluss

Schlussbemerkungen müssen auf jeden Fall auf die in der Einleitung als Ziel der Arbeit formulierte Überprüfung der Ausgangshypothese Bezug nehmen. Diesem Darstellungsziel entsprechend werden jetzt die Arbeitsergebnisse aller Kapitel und Abschnitte bewertet; die Resultate von Textanalyse und Forschungserarbeitung werden zum Ausgangsverständnis ins Verhältnis gesetzt. Dieses hat sich dann beispielsweise als »plausibilisierbar erwiesen«, »konnte vertieft und präziser begründet werden«, »musste in Teilen korrigiert werden« o. Ä. Die Schlussbemerkung führt noch einmal ausdrücklich aus, ob und in welcher Weise das Erarbeitungsziel erreicht ist.

Der Schluss kann darüber hinaus Möglichkeiten zu einer weitergehenden Beschäftigung mit dem Gegenstand andeuten. Wenn bei der Erarbeitung des Primärtextes und der Forschungsliteratur oder auch bei der Abfassung des Hauptteils das eine oder andere Textdetail o. Ä. als anschlussfähig und einer weiteren Beschäftigung wert aufgefallen ist – die thematische und räumliche Begrenzung der Arbeit diese Vertiefung jedoch ausschloss –, so kann natürlich schon an entsprechender Stelle im Hauptteil eine Fußnote auf dieses unberücksichtigt gebliebene Detail hinweisen. Gerade aber die Schlussbemerkung bietet die Möglichkeit, über die Zusammenfassung der Interpretationsergebnisse hinaus diese Passagen oder Details als mögliche Anschlussstellen einer späteren, größeren Arbeit zu kennzeichnen.

Der Ausblick im Schluss

Um beim Klopstock-Beispiel zu bleiben: An die Zusammenfassung der genauen Analyse der »Leitmotive von Klopstocks Ode *Das Landleben / Die Frühlingsfeyer*« könnte sich etwa die Frage anschließen lassen (da zu Beginn der Ode die Kleinheit von Mensch und Erde gegenüber dem unendlichen Universum der Schöpfung in eindrucksvollen literarischen Bildern dargestellt wird), wie die Literatur vor und neben Klopstock auf den kopernikanischen Schock reagiert habe, wie sie sich diese naturwissenschaftliche Erkenntnis zugeeignet habe. Ebenso könnte sich die Frage nach Gewitterdarstellungen vor und neben Klopstock anschließen: bei Brockes, Uz oder auch bei Goethe.

Damit würde der Schluss über das Fazit hinaus um einen Ausblick erweitert auf weitergehende interessante Fragestellungen, die sich im Zuge der vorgeführten Analyse, Interpretation und Forschungsrekapitulation ergeben haben. Solche Ausblicke sind natürlich vor allem dann wichtig und sinnvoll, wenn etwa in einer großen, eventuell der letzten Hauptseminararbeit schon thematische Möglichkeiten für die Abschlussarbeit angedeutet oder vorbereitet werden, womit Studium und Prüfungsphase aneinander angeschlossen und die Vorbereitungsbelastungen für die Prüfung in gewissem Rahmen verringert würden. Ein kluger Ausblick empfiehlt gegebenenfalls Verfasserin oder Verfasser sogar als zukünftige Promovenden.

Beispiel

3.7 Redaktion, Korrektur und Gestaltung

Umfang des Korrekturdurchgangs

Die letzte redaktionelle Überarbeitung des gesamten Textes der Hausarbeit sowie die Endkorrektur zielen darauf ab, einerseits die argumentative Kohärenz des Gesamttextes nochmals zu überprüfen und sicherzustellen, ebenso die begriffliche Genauigkeit der Auseinandersetzung mit Text und Forschungsliteratur; andererseits müssen die stilistische sowie die formale Einheitlichkeit der Arbeit gewährleistet sein – und nicht zuletzt die orthographische Korrektheit. Für diesen Arbeitsschritt sollte die Datei »Hausarbeit Text«, also fertiggestellter Hauptteil mitsamt Einleitung und Schluss, ausgedruckt werden – die Papierform der Arbeit eignet sich ungleich besser zum Korrekturlesen als eine Bildschirmversion. Auf dem Papier sind größere Textabschnitte sichtbar, sodass Ungleichgewichte der Disposition oder argumentative Inkohärenzen ins Auge fallen; auf dem Papier können Korrekturen viel deutlicher sichtbar eingearbeitet werden. Erst nach einem intensiven redigierenden und korrigierenden Durchgang des gedruckten Textes werden die Änderungen eingearbeitet.

Vor dem genaueren Korrekturlesen muss allerdings überprüft werden, ob die Arbeit die vereinbarte Länge nicht über Gebühr überschreitet, ob sie nicht gekürzt werden muss. Schriftliche Hausarbeiten sollten grundsätzlich in dem quantitativen Rahmen bleiben, der vereinbart oder vorgegeben worden ist. Dies ist keine formalistische Schikane, sondern der begründete ›Zwang‹ zur umfassenden Erarbeitung eines Gegenstandes auf begrenztem Raum. Diese Begrenzung einzuhalten ist auch ein Qualitätsmerkmal der Arbeit. – Es muss also – wenn die Arbeit zu lang geworden ist – überprüft werden, wo Kürzungen möglich sind: wo unnötige Exkurse, Wiederholungen, zu weit ausgreifende Darstellungen oder Inhaltsparaphrasen eingeschaltet sind, die sich ohne Substanzverlust wegkürzen lassen. Bei jeder Kürzung ist allerdings größte Aufmerksamkeit auf die neu sich ergebenden Anschlussnotwendigkeiten angezeigt.

a) Argumentative Kohärenz

Der erste und zunächst wichtigste Arbeitsschritt beim Korrekturlesen ist, zu überprüfen, ob die ausformulierte Arbeit tatsächlich hält, was die Disposition versprochen hatte. Dies betrifft erstens die innere Balance des Argumentationsaufbaus: Sind die einzelnen Unterabschnitte des Hauptteils wirklich gleichgewichtig? Befinden sie sich auch inhaltlich und von ihrem argumentativen Stellenwert auf einer gedanklichen Hierarchieebene? Muss nicht doch eines der kleineren Kapitel einem größeren zugeordnet oder ein größeres in zwei kleinere aufgeteilt werden? Sind vielleicht einzelne Absätze – die nur einen Bruchteil eines Arguments darstellen – an einer ganz anderen Stelle im Text besser am Platz? *(Balance der Argumente)*

Zweitens muss überprüft werden, ob die Logik der Argumentation im ausgeführten Text so erhalten geblieben ist, wie sie konzipiert war. Ist überhaupt die Reihenfolge der Argumentationsschritte sinnvoll? Entspricht die Abfolge der Einzelkapitel im Hauptteil tatsächlich dem, was in der Einleitung als Methode, als Weg der Erarbeitung des Gegenstandes angegeben ist? Klafft irgendwo ein Loch, d. h., fehlt ein wichtiger argumentativer Schritt, den man vielleicht implizit immer mitgedacht hat, ohne ihn auszuführen, dessen Notwendigkeit aber erst jetzt, angesichts des gesamten Textes, ersichtlich wird? *(Gedankliche Logik)*

Drittens müssen die Argumente selbst in den Blick genommen werden. Argumentiert ein Kapitel oder Abschnitt tatsächlich auf einer kohärenten Ebene – d. h., werden hier nicht beispielsweise rezeptionstheoretische und formanalytische Begründungselemente unzulässig miteinander vermischt? Innerhalb ihrer kleinsten Abschnitte (der Textabsätze) sollte die Argumentation möglichst auf e i n e Beschreibungsebene des Textes bezogen sein. Dies betrifft neben der eigenen Arbeit am Text natürlich auch die Einarbeitung der Forschungsdiskussion, die unter strengster Berücksichtigung ihrer methodologischen Herkunft zitiert und einander gegenübergestellt werden sollte. *(Kohärenz der einzelnen Argumente)*

Schließlich muss viertens sichergestellt werden, dass die Logik der Argumentation auch explizit sprachlich-rhetorisch umgesetzt worden ist. Die zusammenfassenden und anmoderierenden Gelenkstellen, die die einzelnen Kapitel miteinander verbinden und deren Position im *(Rhetorische Umsetzung der Argumentation)*

127

Argumentationsgang verdeutlichen, müssen auf den Prüfstand. Ist der Übergang zu einem neuen Argument wirklich logisch, ist er nachvollziehbar im Blick auf das Ziel der Arbeit? Nicht nur die Überleitungen zwischen Kapiteln oder Unterabschnitten müssen daraufhin überprüft werden, ob sie den gewünschten gedanklichen Anschluss wirklich realisieren. Auch zwischen Absätzen und sogar zwischen einzelnen Sätzen ist oft eine genaue Überprüfung der Anschlüsse angezeigt.

Das Hauptaugenmerk muss dabei auf allen Wörtern liegen, deren Funktion die Verbindung zwischen Sätzen bzw. Gedanken ist. Wenn ein Demonstrativpronomen verwendet wird: Weist es tatsächlich auf das Satzglied zurück, auf das es verweisen soll, oder ist der Verweis uneindeutig oder gar falsch? Die größte Genauigkeit und Eindeutigkeit solcher verweisenden Strukturen ist absolut erforderlich! Die gleiche Sorgfalt ist bei Konjunktionen notwendig. Diese verbinden nicht nur ›irgendwie‹ Hauptsätze miteinander oder mit Nebensätzen oder diese miteinander. Sie stiften vielmehr zwischen den Sachverhalten oder den Gedanken, die in den zu verbindenden Sätzen stecken, immer eine spezifische Relation: ein Verhältnis der Begründung oder der zeitlichen Folge, der Bedingung oder des Zugeständnisses – mithin immer Hierarchierelationen zwischen den Dingen, über die gesprochen wird.

b) Stil

Sachlicher Stil

Mit der Frage nach der rhetorischen Realisation der gedanklichen Logik der Hausarbeit, ihres ›roten Fadens‹, war gleichsam schon das Feld des Stils berührt. Dazu zunächst eine Mahnung zur Geduld: Es dauert meist ein gesamtes Studium, bis man über einen einigermaßen sicheren ›eigenen‹ Stil wissenschaftlichen Schreibens verfügt. Bis dahin sollten sich die schriftlichen Arbeiten, die im Laufe eines Studiums verlangt werden, darum bemühen, so genau wie möglich die Sache, um die es geht, zu beschreiben und auszudrücken. Ein sachlicher Stil ist allemal ein guter Stil (für den aber noch mehr Regeln gelten, die weiter unten genannt werden sollen).

Darüber hinaus lernt man schon bei der Beschäftigung mit der Forschungsliteratur, die ja zur Vorbereitung jeder Hausarbeit gehört, eine ganze Reihe wissenschaftlicher Stile kennen – hier einige Möglichkeiten:

Varianten wissenschaftlichen Stils

- klare, sachlich formulierte Forschungsbeiträge, deren Stil nachahmenswert erscheint;
- blumige bis schwülstige Texte (oft schon älteren Datums), deren Stil zwar durch den altväterlichen Gestus eine gewisse Sympathie erheischt, aber nicht zur Nachahmung einlädt;
- metaphernreiche, kraftvoll-literarische Aufsätze (wie sie etwa von Ernst Bloch oder Walter Benjamin stammen), deren Stil zwar – gerade wegen seiner begrifflichen Genauigkeit im Bilderreichtum – Bewunderung auslöst, seine Nachahmung aber wäre manieristische Kraftmeierei;
- schließlich syntaktisch hochkomplexe, terminologisch überfrachtete Untersuchungen, deren Stil zwar Wissenschaftlichkeit suggeriert (und deswegen fatalerweise oft nachgeahmt wird), in Wirklichkeit aber oft nur verschleiert, dass die Sache, über die gesprochen wird, eigentlich ganz einfach ist und dass die Gedanken, die der Text angesichts der Sache formuliert, auch mit einigem gesunden Menschenverstand und alltagssprachlich hätten ausgedrückt werden können.

Die Entscheidung über den Stil einer literaturwissenschaftlichen Hausarbeit ist, vor allem in den ersten Semestern, keine vollständig rational begründbare und vernunftgesteuert ausgeführte Wahl. Vielmehr wird es immer passieren, dass man sich bei der Darstellung bestimmter Sachverhalte, bei der Skizzierung inhaltlicher oder formaler Details des Primärtextes an den Stil eines oder mehrerer derjenigen Texte anlehnt, die intensiv erarbeitet wurden. Solche stilistischen Anleihen sind zwar häufig problematisch – z. B. wenn eine ganze Arbeit im schwülstigen Duktus etwa der Goetheverehrung der fünfziger Jahre geschrieben ist oder aber durch die (meist schlechte) Imitation jenes komplexen, terminologisch überfrachteten Jargons sogar sich selbst unverständlich wird.

Ausbildung des eigenen wissenschaftlichen Stils

129

Prinzipiell jedoch sind diese Anlehnungen an den Stil anderer der einzige Weg zu einem eigenen Stil. Mit der maßvollen Aneignung unterschiedlicher wissenschaftlicher Redeweisen, der ja immer eigene Ausdrucksmöglichkeiten beigemischt sind, erwirbt man im Laufe des Studiums verschiedene ›Register‹ des wissenschaftlichen Sprechens, die nach und nach immer vielfältigere Möglichkeiten bereitstellen, über einen Gegenstand der eigenen Wissenschaft individuell zu sprechen und zu urteilen. Moderate Anlehnung an fremden Stil ist also wünschenswert, Nachahmungsanstrengungen dagegen sind vergeblich und nur peinlich – und zwar gleichgültig, ob man sich an Emil Staiger, Theodor W. Adorno oder Niklas Luhmann versucht.

Sachlichkeit Guter Stil ist sachlicher Stil. Das heißt zunächst, ganz banal, dass eine Arbeit ihre Sache bezeichnen muss. Deswegen kann jede Form des »Ich«-Sagens in der schriftlichen Hausarbeit unterlassen werden. Die Ersetzung des »Ichs« durch das altväterliche »Wir« macht nichts besser – im Gegenteil, eine studentische Arbeit wirkt dann auch noch gestelzt. Gleiches gilt für die unpersönlichere Ersatzform »Verfasser« oder »Verf.«.

> Die Arbeit selbst ist das Subjekt des Sprechens; die Individualität einer Arbeit, ihres Zugangs zum Gegenstand, wird damit nicht verschleiert oder unterdrückt, vielmehr steckt das Individuelle ganz im eigenen, besonderen Zugang zum Text.

Ebenso wie »Ich« und »Wir« sollten sämtliche Verben subjektiven Ausdrucks, des Meinens und Empfindens vermieden werden. In einer schriftlichen Hausarbeit, mithin einem wissenschaftlichen Text, geht es nicht um Empfindung und subjektive Meinung, sondern um wissenschaftlich begründete Haltung! Auch kreative Assoziationen etwa zu einem verrätselten literarischen Bild sollten nicht als Ergebnis subjektiver Aneignung dargestellt werden (»Bei der Metapher der ›Kamille‹ hatte ich die unwillkürliche Assoziation ...«), sondern sachlich als Deutungspotenz des Textes selbst: »Mit dem Bild der ›Kamille‹ ist ein weites Bedeutungsfeld konnotiert, das ...«. Eine Konnotation oder gedankliche Assoziation, die ein Text ermöglicht, muss und kann durch den Text selbst plausibel gemacht werden, um den Status einer Deutung zu erlangen.

Wenn man die Sache selbst zum Sprechen bringt, erübrigen sich ›Regiebemerkungen‹ aller Art. Der Vorgang des Schreibens einer Hausarbeit, die Vorgänge von Textlektüre und Forschungsarbeit gehören nicht in die Darstellung hinein (vgl. auch S. 22 zur Vorlesungsmitschrift) – und dann ergibt sich die Vermeidung von »Ich« oder »Verfasser« ganz von selbst. In der Art und Weise, wie die Arbeit sich ihrem Gegenstande nähert, ihn sich aneignet, hat sich dieser Vorgang ja schon niedergeschlagen, ihn zu thematisieren klingt nur umständlich.

Vermeidung von ›Regiebemerkungen‹

Sachlicher Stil hängt darüber hinaus in hohem Maße von begrifflicher Genauigkeit ab. So präzise wie die Wahl der Konjunktionen und Demonstrativpronomen (vgl. S. 128) Bezüge oder Relationen zwischen Argumenten und Sachverhalten stiftet, so präzise müssen auch die Sachverhalte selbst, also die Beobachtungen am Text, die Analyseergebnisse wie die Erkenntnisse der Forschung bezeichnet werden. Das gilt natürlich zuallererst für die textbeschreibenden und -analytischen Ausführungen, für literaturgeschichtliche oder gattungspoetologische Darstellungen – für alles, was ins engste Feld der Literaturwissenschaft gehört. Zur Bezeichnung dieser Sachverhalte steht eine literaturwissenschaftliche Fachterminologie zur Verfügung, deren Benutzung eingeübt werden muss.

Begriffliche Genauigkeit

Wenn beispielsweise ein literarisches Bild im Text als Metapher identifiziert werden kann, dann muss es erstens als Metapher bezeichnet werden, zweitens muss diese Bezeichnung begründet werden. Die Metapher bleibt dann durchgehend eine Metapher – ›mutiert‹ nicht um der stilistischen Abwechslung willen zum Symbol oder gar zur Allegorie. Metaphern sprechen uneigentlich, metaphorisch, aber niemals symbolisch oder allegorisch. Die gleiche Aufmerksamkeit und äußerste Präzision verdienen Metrum und Versfüße, Gattungsbegriffe und Epochenbezeichnungen: Ein lyrisches Ich ist niemals ein »Ich-Erzähler«, ein Roman ist kein »Stück«. Auch sollten die Ebenen von Autorin bzw. Autor und lyrischem Ich oder Erzähler niemals vertauscht oder

Begriffliche Fehler: Beispiele

miteinander vermischt werden. Nicht Goethe erzählt in den *Lehrjah-ren*, sondern ein auktorialer Erzähler, den Goethe erfunden hat; selbst das lyrische Ich der *Frühlingsfeyer* ist nicht Klopstock, sondern nur ein lyrisches Ich – das möglicherweise einige Nähe zu Klopstock aufweist. Ebenso muss zwischen Figurenrede und Autorrede sauber unterschieden werden: Goethe sagt gar nichts in der *Iphigenie*, alle dortigen Aussagen gehören allein zu den Figuren.

Gebrauch von Fremdwörtern

Der Mahnung zur präzisesten Verwendung der Fachterminologie muss eine zweite zur Seite gestellt werden: Der Gebrauch von Fremdwörtern ist in keiner Weise ein Zeichen für die Wissenschaftlichkeit der Ausführungen. Ganz im Gegenteil: Viele Fachbegriffe sind gar keine Fremdwörter (mehr): Ich-Erzähler, Akt, Versfuß. Jeder Sachverhalt, der mit einem deutschen Wort bezeichnet werden kann, sollte auch so bezeichnet werden; es ist eine völlige Fehleinschätzung wissenschaftlichen Stils, wenn man sich (was häufig genug geschieht) auf die Suche nach fremdsprachlichen Entsprechungen einfacher Wörter begibt. – An Peinlichkeit übertroffen wird die Anhäufung überflüssiger Fremdwörter nur noch durch den Gebrauch antiquierter, grundsätzlich pseudowissenschaftlicher Latinismen, die sich zwar der humanistischen Weltsprache der Gelehrsamkeit verdanken, im humanistischen Gymnasium des 19. Jahrhunderts aber schon auf den Hund gekommen sind und heute nur noch die leere Hülse einer Scheinbildung präsentieren, die die Unbildung kaschiert. Solche überflüssigen Formelwörter sind beispielsweise »item«, »ad conclusionem«, »ibidem«, »in nuce«, »recte« oder »eo ipso«.

Klarer Stil: Wortwahl

Allerdings kann auch unter Verzicht auf Fremdwörter und Latinismen ein klarer Stil verfehlt werden. Die deutsche Sprache bietet mit ihrer Fähigkeit zu fast unendlicher Kompositabildung viele Möglichkeiten, mit Wortungetümen Sachverhalte zu verunklaren (wenn Goethe »Knabenmorgenblütenträume« sagen darf, darf das nicht automatisch jeder, der über ihn schreibt). Auch die unendliche Reihung von Substantiven oder Substantivierungen, der sogenannte Nominalstil, kann immer in klarere Sätze aufgelöst werden: Der Satzbeginn »Die Art und Weise der Rezeption der Werke des jungen Goethe« könnte besser lauten: »Wie die Werke des jungen Goethe vom zeitgenössischen Publikum aufgenommen wurden«.

Adjektive, die nicht der begrifflichen Präzisierung einer Beobachtung oder einer Darstellung dienen, sind nichts als überflüssige schmückende Beiwörter. Diese sollten vor allem dann vermieden werden, wenn sie eigene Bewertungen oder Urteile Dritter transportieren, ohne dass man es merkt, reflektiert oder begründet. Die Formulierung »Goethes vollendete *Iphigenie*« zitiert zwar gewiss die Haltung eines größeren Teils der Forschung; wird dieses Urteil aber in die eigene Arbeit eingebaut, bedarf es der ausführlichen Begründung – oder das Adjektiv muss entfallen. Gravierender ist noch der Adjektivgebrauch im Fall von Wörtern, die in der Alltagssprache eine diffuse Bedeutung haben, in der Literaturwissenschaft aber ein präziser Fachbegriff sind: In der Aussage »Lotte und Werther sprechen in einer romantischen Szene über Klopstock« ist das Adjektiv »romantisch« im banalsten Alltagsverstand verwendet, in seinem Kontext hier steht es völlig falsch (das Gleiche gilt u. a. für Wörter wie »klassisch«, »idyllisch«, »naiv«, »sentimental«).

Ein sachlicher, klarer Stil verlangt einen nachvollziehbaren Satzbau! Eine Empfehlung, nur Sätze mit einer kleineren Maximalzahl an Wörtern zu produzieren, wäre unsinnig – dennoch lassen sich die meisten zu kompliziert gebauten Satzgefüge in mehrere Sätze auflösen, ohne dass auf irgendeine innere Verknüpfung zwischen den Sachverhalten verzichtet werden müsste. Punkte und Gedankenstriche, Semikola und Kommata gliedern den geschriebenen Text und erleichtern so die Lektüre.

Klarer Stil: Satzbau

Wie der übersichtliche Satzbau vergrößert auch die Einfügung von Absätzen die Klarheit eines Textes. Grundsätzlich sollten Endlosabsätze, die über die Länge einer Seite hinausgehen, vermieden werden. Hier ist eine quantitative Empfehlung durchaus sinnvoll: Ein Absatz sollte möglichst 8–20 Zeilen umfassen, das ist ein überschaubares Maß. Dennoch sollte die Absatzgrenze nicht wahllos und nach rein quantitativen Gesichtspunkten eingefügt werden, sie muss immer inhaltlich begründet sein. Es ist sinnvoll, in dem ersten Satz eines Absatzes den zentralen Gedanken, Gegenstand usw., um den es in diesem Absatz gehen soll, sorgfältig auszuformulieren, da diesem beim Lesen immer eine höhere Aufmerksamkeit gewidmet wird.

Selbst-
bewertung
vermeiden

Vermieden werden sollten in jedem Fall selbstbewertende Äußerungen. Das betrifft alle Formulierungen nach folgendem Muster:
»Wie im ersten Teil dieser Arbeit in einer präzisen Analyse gezeigt
werden konnte« oder »Nach der gelungenen Deutung der Schöpfungs-
metaphorik im vorigen Kapitel«. Erstens sind in derartigen Fällen die
selbstbewertenden, nur schmückenden Adjektive überflüssig und können gefahrlos weggelassen werden. Zweitens sollte man der Bewertung von Analyse und Deutung durch die Dozentin oder den Dozenten nicht vorgreifen. Erhöhte Vorsicht gegenüber solcher Selbstbewer-
tung ist besonders in der Schlusszusammenfassung der eigenen Arbeit
geboten; hier sollten tatsächlich die Ergebnisse der Arbeit versammelt,
nicht aber der Prozess ihrer Erarbeitung beurteilt werden.

Immer wieder wird im Zusammenhang mit Vorlesungsmitschriften, schriftlichen Hausarbeiten und anderen schriftlichen Arbeitsauf-

Tempus der
Darstellung

gaben die Frage nach dem Tempus der Darstellung gestellt. Darum hier
ein abschließender Hinweis zum Stil: Das normale Tempus der Darstellung ist zunächst das Präsens: In einem Text »ist« etwas gegenwär-
tig auf eine bestimmte Art und Weise, ein Autor »bezieht« mit einer
bestimmten Äußerung Stellung zu irgendetwas. Ebenfalls ist für brei-

Präsens

tere Inhaltsdarstellungen oder Paraphrasen das Präsens obligat. Lediglich bei größeren historisch darstellenden Passagen in Vorlesungsmit-

Präteritum

schrift oder schriftlicher Hausarbeit kann es sinnvoll sein, ins Präteritum zu wechseln – die Tempora der Vorzeitigkeit sind natürlich jeweils
entsprechend dem Haupttempus zu wählen: beim Präsens das Perfekt
und beim Präteritum das Plusquamperfekt.

c) Form

Wie die argumentativen und stilistischen verlangen auch die formalen
Aspekte einer schriftlichen Hausarbeit beim Korrekturlesen größte
Aufmerksamkeit. Die Korrektheit von direkten und indirekten Zitaten
sowie die Eindeutigkeit der Literaturverweise müssen sichergestellt
werden, ebenso die Vollständigkeit und Richtigkeit der Angaben im
bibliographischen Anhang einer Arbeit. Nicht zuletzt sind ›Banalitä-

ten‹ wie Orthographie und Interpunktion sowie die ganz äußeren Bestimmungen der Form (wie Zeilenzahl, Titelblatt usw.) für die Bewertung einer Arbeit ausschlaggebend.

Bereits im Kapitel über die Abfassung des Hauptteils ist die Genauigkeit, mit der Zitate aus Primär- und Sekundärliteratur oder auch gedankliche Anlehnungen an diese in den eigenen Text eingebaut und nachgewiesen werden müssen, schon angesprochen worden (vgl. S. 89). Passagen aus dem Primärtext, an denen etwas Wichtiges gezeigt werden soll, müssen zitiert werden; ebenso gehören zentrale Argumente aus der Forschungsdiskussion als Zitate in den Haupttext. Wenn sich der eigene Text zwar nicht wörtlich, doch in gedanklicher Entlehnung mehr oder weniger eng an einer bestimmten Forschungsposition orientiert, so ist dies immer ein indirektes Zitat. Dies muss in einer Fußnote als solches gekennzeichnet werden.

Buchtitel, gleichgültig ob von Primär- oder Sekundärtexten, werden kursiviert (vgl. dazu das nächstfolgende Beispiel). Die Namen von Autorinnen oder Autoren können durch Kapitälchen gekennzeichnet werden – dies ist allerdings kein Muss, es wirkt oft übertrieben. Außerdem behindern zu viele unterschiedliche Zeichenformatierungen das Lesen eher, als dass sie es befördern. Sollte einmal der Titel eines Zeitschriftenaufsatzes im Haupttext genannt werden, so wird er in doppelte Anführungszeichen gesetzt; der Name der Zeitschrift erscheint dann kursiv. — *Buchtitel, Aufsatztitel*

Zitate aus Primär- und Sekundärliteratur werden immer durch doppelte Anführungszeichen kenntlich gemacht, Anlehnungen können durch einfache Anführungen hervorgehoben werden. Längere Zitate (über drei Zeilen) werden, um sie deutlich vom eigenen Text abzusetzen, in einen eigenen Absatz gesetzt, der eingerückt wird (nur links oder auch beiderseits) und eine kleinere Schrifttype und einen geringeren Zeilenabstand aufweist. Ein Beispiel: — *Zitate*

Beispiel

Zum Verhältnis der Bildungsgeschichte Wilhelms zu dem vielgestaltigen Umfeld konkurrierender Bildungsgeschichten führt Uwe Steiner im neuen *Goethe-Handbuch* aus:

> »Obwohl die Geschichte Wilhelm Meisters mit ihren Verwicklungen und den Versuchen des Helden, sich über ihren weiteren Verlauf Klarheit zu verschaffen, nach wie vor das Hauptinteresse ausmacht, wird die Aufmerksamkeit des Lesers doch zugleich auch auf andere Lebensläufe gerichtet. [...] Sie rücken zwar Wilhelms weitere Entwicklung nicht aus dem Zentrum, stellen sie aber in einen erweiterten Kontext«.[1]

Damit stellen die *Lehrjahre* alles andere als die isoliert dastehende innere Entwicklung eines Helden dar.

Auslassungen in Zitaten

Auslassungen in Zitaten – wie das Beispiel sie aufweist – werden durch eckige Klammern und drei Punkte ausgewiesen. Erläuternde Einfügungen innerhalb eines Zitats werden in eckige Klammern gesetzt:

Uwe Steiner sieht mit »dem Titel, den der Arzt dem Manuskript verleiht [Bekenntnisse einer schönen Seele], [...] religiöse und weltliche Implikationen verbunden«.[1]

Grammatikalische Veränderungen im Zitat

Kleinste grammatikalische Veränderungen im Zitat – um dieses etwa besser dem eigenen Satz, in den es eingebaut werden soll, anzupassen – werden ebenfalls durch eckige Klammern markiert:

Die »religiöse[n] und weltliche[n] Implikationen«, die Uwe Steiner mit dem Titel »Bekenntnisse einer schönen Seele« verbunden sieht[1], seien in einem unmittelbaren Zusammenhang mit der Wirkung des Manuskripts auf seine Leser im Roman zu sehen.

Wie dieses Beispiel schon illustriert, werden Aussagen der Sekundärliteratur, wenn sie nicht in vollständigen Sätzen zitiert werden, immer in indirekter Rede wiedergegeben – der Indikativ würde die zitierte Aussage zu einer der Verfasserin oder des Verfassers der schriftlichen Hausarbeit selbst machen. Indirekte Rede steht in der Regel im Konjunktiv 1, nicht im Konjunktiv 2; korrekt ist also: ›Steiner weist darauf hin, das Manuskript sei ...‹, falsch wäre: ›Steiner weist darauf hin, das Manuskript wäre ...‹. *(Indirekte Rede)*

Primär- und Sekundärtexte müssen immer genau zitiert werden. Das gilt vor allem auch für Hervorhebungen in den zitierten Texten. Kursivierung, Fettdruck, möglichst sogar Kapitälchen sollten übernommen werden. Möchte man allerdings in einem Zitat eine bestimmte Stelle selbst hervorheben, muss dies in der entsprechenden Fußnote mit dem eigenen Namenskürzel vermerkt werden: »Hervorhebungen von mir, bj.« *(Penible Genauigkeit beim Zitieren)*

Verszeilen und Strophenenden im Zitat müssen erkennbar bleiben, an der Stelle des Versendes wird eine Virgel (/) eingefügt, die Großschreibung zu Beginn der Verse wird beibehalten:

Den Auftakt zu Klopstocks *Frühlingsfeyer* bildet ein grandioses Szenario der unendlichen Schöpfung: »Nicht in den Ozean der Welten alle / Will ich mich stürzen, schwebe nicht, / Wo die ersten Erschaffnen, die Jubelchöre der Söhne des Lichts / Anbeten, tief anbeten und in Entzückung vergehn!«

Die Satzzeichen am Schluss einer zitierten Passage ordnen sich den Satzzeichen des Satzes unter, in den das Zitat eingebaut werden soll: Stehen Punkt oder Komma am Ende eines Zitates, während der umgebende Satz aber weitergeht, so fallen Punkt bzw. Komma weg; schließt der umgebende Satz mit dem Zitat, rückt der Punkt hinter das Abführungszeichen. *(Zitat und Satzzeichen)*

Entweder unmittelbar nach einem zitierten Satz oder Begriff oder auch am Schluss eines eigenen Satzes, der beispielsweise zwei zitierte Begriffe aus einer Quelle enthält, wird mit einer Hochzahl auf die entsprechende Fußnote oder Endnote/Anmerkung verwiesen. Fußnoten stehen immer am Ende der Seite, Endnoten oder Anmerkungen am Ende der gesamten Arbeit. Fußnoten sind grundsätzlich zu empfehlen, da sie der Leserin oder dem Leser ohne großes Umblättern und Suchen den Blick auf die Literaturangabe ermöglichen. Die Fußnotenziffern stehen immer

- vor Komma (»zitierter Text«[1],),
- vor Gedankenstrich (»zitierter Text«[1] –)
- und vor Semikolon (»zitierter Text«[1];),
- aber hinter dem Punkt (»zitierter Text«.[1]).

Eindeutigkeit der Literaturangaben in Fußnoten

Um wirklich sicherzustellen, dass der Leserin oder dem Leser mit der Fußnote ein eindeutiger Hinweis auf die Quelle des Zitats geliefert wird, müssen die Literaturnachweise eindeutige Angaben enthalten. Bei der ersten Nennung einer Quelle in Fuß- oder Endnote wird der vollständige Titel nachgewiesen.

- Bei Büchern werden Name des Autors, Titel des Buches (kursiv), Band, Ort, Jahr und Seite genannt,
- bei Aufsätzen in Zeitschriften Name des Autors, Titel des Aufsatzes (in Anführungszeichen), Titel der Zeitschrift (kursiv), Jahrgang, Jahr, eventuell Heftnummer und Seitenzahl,
- bei Aufsätzen in Sammelbänden Name des Autors, Titel des Aufsatzes (in Anführungszeichen), Herausgeber des Sammelbandes, Titel des Sammelbandes (kursiv), (eventuell) Bandzahl, Ort, Jahr und Seitenzahl wie im Beispiel unten.
- Die Angaben werden durch Kommata voneinander getrennt. Dies ist sinnvoll im Hinblick auf Fußnoten, in denen sich Verweise auf Quellen oder Auseinandersetzungen mit der Sekundärliteratur finden (vgl. S. 140), Literaturangaben also in einem Satzzusammenhang stehen, der nicht durch einen Punkt unterbrochen werden darf. Folgen zwei oder mehrere Zitate aus einer Quelle unmittelbar aufeinander, muss es in der zweiten Fußnote »ebd.« heißen. Die vollständigen Literaturangaben in Fußnoten sollten folgendermaßen gestaltet sein:

Beispiel

Die »religiöse[n] und weltliche[n] Implikationen«, die Uwe Steiner mit dem Titel »Bekenntnisse einer schönen Seele« verbunden sieht[1], seien in einem unmittelbaren Zusammenhang mit der Wirkung des Manuskripts auf seine Leser im Roman zu sehen. »Nicht zufällig fordert in den *Lehrjahren* gerade Natalie [...] dazu auf, in ihrer Tante durchaus ein Vorbild zu erkennen.«[2]

1 Uwe Steiner, »Wilhelm Meisters Lehrjahre«, in: Bernd Witte / Peter Schmidt (Hrsg.), *Goethe-Handbuch*, Bd. 3: *Prosaschriften*, Stuttgart/Weimar 1997, S. 113–152, hier S. 127.
2 Ebd., S. 128.

Der Verweis auf eine weiter vorne schon aufgeführte Quelle, die nochmals zitiert wird, enthält eine abgekürzte, aber eindeutige Angabe: Nachname des Autors / der Autorin: Kurztitel, Seitenzahl. Der Hinweis »am angegebenen Ort«, abgekürzt »a. a. O.«, der vor die Seitenzahl gerückt werden kann, ist bei eindeutigen Kurztiteln nicht notwendig. Auch hier ein Beispiel:

Steiners oben schon zitierter Hinweis auf die Vorbildfunktion, die Natalie der ›Schönen Seele‹ zubilligt[17], muss auch in diesem Zusammenhang ...

17 Vgl. Steiner, Lehrjahre, S. 127.
evtl.:
17 Vgl. Steiner, Lehrjahre, a. a. O., S. 127.

Im gerade gegebenen Beispiel wurde gar nicht wörtlich zitiert, vielmehr nur auf eine Quelle verwiesen. Solche nicht wörtlichen Anlehnungen oder gedanklichen Anleihen werden im Haupttext nicht in Anführungszeichen gesetzt, in einer Fußnote oder Anmerkung wird aber mit dem Zusatz »vgl.« die Herkunft des Gedankens angezeigt. Indirekte Zitate: Vgl.

Zum Literaturnachweis per Fußnote gibt es eine Alternative – die hier zwar erwähnt, für die Literaturwissenschaften aber ausdrücklich nicht empfohlen werden soll. Unmittelbar nach Zitat oder Anlehnung setzt man eine Klammer, in der Autorname, Erscheinungsjahr und Seitenzahl stehen: (Steiner 1997: 127). Dieses Verfahren hat den Vorteil, dass die Quellenangabe unmittelbar im Text zu finden ist, ohne Suche im Fußnotenapparat. Diese Verweistechnik aber hat so viele Nachteile, dass hier von ihr abgeraten werden soll: Erstens wird der Textfluss unterbrochen – vor allem, wenn in der Klammer mehrere Namen, Jahres- und Seitenzahlen stehen, unter Umständen auch noch mit einem »vgl.« oder »vs.« (lat. *versus* ›dagegen‹). Zweitens kommt man in Not, wenn von einem Autor mehrere Beiträge aus einem Jahr zitiert werden – die Abhilfe »Steiner 1997a: 127«, »Steiner 1997c: 238« schafft nur bedingt Klarheit. Drittens aber, und das ist der Haupteinwand, macht die Klammer nur Angaben zum Erscheinungsjahr; um den Titel des zitierten Textes zu erfahren, ist längeres Suchen in der Bibliographie erforderlich – die Klammerangaben sind einfach unpraktisch. Absurd werden sie, wenn in einer Klammer mit dem Nachweis einer Ausgabe zu lesen ist: (Goethe 1977c: 324). Die Berücksichtigung ausschließlich des Erscheinungsjahres lässt solche unsinnigen Angaben entstehen; die Zufügung des Ersterscheinungsjahres in eckigen Klammern: (Goethe [1774] 1977c: 324), lässt die Klammerangabe dann schon wieder umständlich lang erscheinen. Also: Zurück zur Fußnote.

Fußnoten sind natürlich nicht nur für Literaturnachweise gut: Nebenargumente, die im Haupttext keinen Platz finden, nicht ganz zentrale Auseinandersetzungen mit und in der Sekundärliteratur oder auch vielfältige weiterführende Ideen zum Gegenstand der Arbeit, die im Haupttext die Argumentation auseinanderbrechen ließen, können in Fußnoten eingefügt werden. Grundsätzlich aber sollten Fußnoten, deren Einfügung der Computer unendlich erleichtert hat, nicht exzessiv eingesetzt werden: Arbeiten, bei denen die Menge des Fußnotentextes diejenige des Haupttextes überwiegt oder nur erreicht, sind meist nicht nur aus optischen Gründen schlecht. Man muss auch einfach entscheiden können, ob etwas wichtig genug ist, überhaupt in der Arbeit zu stehen.

Marginalien:

Amerikanische Zitation

Auseinandersetzung mit Forschungspositionen in Fußnoten

Das Literaturverzeichnis am Ende einer jeden schriftlichen Hausarbeit enthält alle benutzte Literatur – und zwar nur diejenige, die tatsächlich gelesen und zitiert oder zumindest indirekt zitiert worden ist. Mit einigen zwar einschlägigen, aber nicht erarbeiteten Sekundärtiteln eine Bibliographie aufzublähen, ist unredlich und fällt in den meisten Fällen auf.

Am Ende der Arbeit: Literaturverzeichnis

Das Literaturverzeichnis einer Hausarbeit ist immer mindestens zweigeteilt: in Primärliteratur und Sekundärliteratur, die beide alphabetisch geordnet werden. Für den Fall, dass für die Erarbeitung eines Themas etwa historische Quellenstudien oder auch Zitate aus allgemeinen Nachschlagewerken, die keine Sekundärliteratur zum literarischen Text sind, o. Ä. nötig waren, wird zwischen Primär- und Sekundärliteratur noch ein Abschnitt »Quellen« eingefügt.

Für die Angaben im Literaturverzeichnis gelten folgende Regeln: Eine Monographie wird nach diesem Muster angegeben:

Monographie

Hörisch, Jochen: Gott, Geld und Glück. Zur Logik der Liebe in den Bildungsromanen Goethes, Kellers und Thomas Manns. Frankfurt a. M. 1983.

Der Name des Autors bzw. der Autorin wird am besten durch einen leicht hängenden Einzug (wie im obigen Beispiel) ausgestellt, sodass die Literaturliste leichter zu überblicken ist. Erscheinungsort und -jahr sind unabdingbar, eine Verlagsangabe ist überflüssig, wenn auch nicht falsch. Wenn eine zweite oder folgende Auflage des Buches zitiert wird, wird dies durch eine entsprechende Hochzahl vor dem Erscheinungsjahr kenntlich gemacht: ^{2}1987.

Für einen Aufsatz aus einer Zeitschrift lautet die Angabe so:

Aufsatz aus einer Zeitschrift

Vaget, Hans Rudolf: Liebe und Grundeigentum in *Wilhelm Meisters Lehrjahren*. Zur Physiognomie des Adels bei Goethe. In: Literaturwissenschaft und Sozialwissenschaften 11 (1979) S. 137–157.

Auf Autorin oder Autor folgt der Aufsatztitel (in diesem Fall mit kursiviertem Werktitel), dann der Zeitschriftentitel, Jahrgangsnummer, Erscheinungsjahr und Seitenzahl. Erscheinungsort und Verlagsangabe sind überflüssig.

Aufsatz aus einem Sammelband oder Handbuch

Schließlich zwei Beispiele für Aufsätze aus einer Festschrift, einem Sammelband o. Ä.:

> Koopmann, Helmut: Dramatisches in *Wilhelm Meisters Lehrjahre*? In: Karl Kurt Polheim (Hrsg.): Sinn und Symbol. Festschrift für Josef Strelka. Bern 1987. S. 95–112.
> Steiner, Uwe: *Wilhelm Meisters Lehrjahre*. In: Bernd Witte / Peter Schmidt (Hrsg.): Goethe-Handbuch. Bd. 3: Prosaschriften. Stuttgart/Weimar 1997. S. 113–152.

> Welche Satzzeichen man in Literaturangaben verwendet, ob man das Erscheinungsjahr von Zeitschriften tatsächlich in Klammern setzt, ist relativ gleichgültig. Die Form der Literaturangaben muss allerdings in der gesamten Arbeit einheitlich sein – und alle Angaben, die die genannten Beispiele aufweisen, müssen enthalten sein.

Korrektur von Orthographie und Interpunktion

Das Korrekturlesen der schriftlichen Hausarbeit betrifft natürlich auch Orthographie und Interpunktion. Die entsprechenden Regeln sollten hinlänglich bekannt sein – eine Arbeit mit vielen Fehlern solcher Art wird nicht nur schlechter bewertet, sondern verschenkt auch leichtfertig ein inhaltlich vielleicht gutes Arbeitsergebnis. Es ist grundsätzlich sinnvoll, schriftliche Arbeiten von einem Zweiten oder Dritten gegenlesen zu lassen, dem unbefangenen Blick entgehen viel weniger Rechtschreib- und Kommafehler. Zur Interpunktion noch eine Haarspalterei: Es gibt einen grundsätzlichen Unterschied zwischen Binde- und Gedankenstrich: Der Erste, z. B. in »Ich-Erzähler« verbindet (ohne Leertasten) zwei Wörter, der Zweite, z. B. in dem Teilsatz »erfindet damit ein erzähltes Ich – das allerdings ...« trennt (mit Leertasten) zwei unterschiedliche Gedanken oder Sachverhalte voneinander.

Binde- und Gedankenstrich

Abschließend einige äußerliche Formalien zur schriftlichen Hausarbeit. Für den Haupttext gilt: Schriftgröße 12 pt, Zeilenabstand 16–18 pt (also im Prinzip anderthalbzeilig). Letzteres muss man ausprobieren: Bei den relativ weit verbreiteten Serifen-Schriften Garamond oder Times liefert ein Verhältnis von 12 pt Schrift und 16 pt Zeilenabstand ein schöneres, geschlosseneres Textbild, bei 18 pt Zeilenabstand fallen die Zeilen leicht auseinander. Bei modernen, serifenlosen Schriften wie Arial oder AvantGarde ist das Verhältnis von 12 zu 18 besser.

Formalien: Schriftgröße, Schriftart usf.

> Eine Nebenbemerkung zu Schriftarten: Man verwende immer eine schlichte Schrift, ganz gleichgültig, ob mit (Bookman, Garamond, Times) oder ohne Serifen (Arial, AvantGarde, Bauhaus). Verspielte oder überschmückte Schriften, klobige Lettern, Schreib- oder gar Frakturschriften sind grundsätzlich nicht zu empfehlen: Sie verhindern eine angenehme Lektüre, meist versteckt sich hinter einer aufgepeppten Form ein umso schwächlicherer Inhalt.

Eingezogene größere Zitate und Fußnotentexte sollten in 10 pt Schriftgröße mit 13 pt Durchschuss gesetzt werden. Fußnoten setzt man am besten so, dass die Fußnotenzahl mit hängendem Einzug freigestellt ist, der Rest des Textes beispielsweise um 0,7 cm eingezogen wird. Hochzahlen im Text (Fußnoten, Auflagenkennungen o. Ä.) werden in 9–10 pt gesetzt und um 3–4 pt (je nach Schriftart) hochgestellt.

Da durch die Computerschriften, die kleiner als Schreibmaschinentypen und zudem meist Proportionalschriften sind, viel mehr Text auf eine Seite passt, brauchen die Seitenränder nicht zu knapp bemessen zu sein. Empfehlenswert ist ein breiter linker Rand; hier muss die Arbeit schließlich geheftet oder gebunden werden: etwa 4,5 cm. Rechts können 2–2,5 cm angesetzt werden, oben 4 cm und unten 2–3 cm. Die Seitenzahl wird am besten außen in eine Kopfzeile eingefügt; bei größerer Beherrschung der gängigen Textverarbeitungsprogramme sind

Seitenränder

lebende Kolumnentitel möglich, also die Angabe der Kapitelüberschrift in der Kopfzeile.

Gestaltung des Inhaltsverzeichnisses

Zur Gestaltung des Inhaltsverzeichnisses und zur Nummerierung der Teile, Kapitel und Unterkapitel gibt es verschiedene Möglichkeiten. Das Inhaltsverzeichnis war ja ein Resultat schon der Konzeption und Disposition des Materials (vgl. Kap. 3.4), wurde dann in der Ausformulierung der Arbeit bestätigt oder modifiziert und kann jetzt, unter Angabe von Seitenzahlen, vor die Arbeit gestellt werden.

Welches Verfahren der Durchnummerierung der einzelnen Abschnitte der schriftlichen Hausarbeit man wählt, ist eigentlich gleichgültig. Denkbar und gleichermaßen korrekt sind folgende Möglichkeiten:

Einleitung	I. Einleitung	1. Einleitung
Hauptteil	II. Hauptteil	2. Hauptteil
1. Kap.	1. Kap.	2.1
2. Kap.	2. Kap.	2.2
3. Kap.	3. Kap.	2.3
4. Kap.	4. Kap.	2.4
5. Kap.	5. Kap.	2.5
Schluss	III. Schluss	3. Schluss
Literaturverzeichnis	IV. Literaturverzeichnis	4. Literaturverzeichnis

Hier sind nur Beispiele mit einfacher Hierarchisierung vorgestellt – im ersten und zweiten Beispiel wäre es nun möglich, die arabisch nummerierten Kapitel des Hauptteils mit a), b) und c) in Unterkapitel zu gliedern. Oberhalb der arabischen oder auch römischen Nummerierung in den beiden ersten Beispielen ließen sich mithilfe von A., B. und C. ganz große Abteilungen der Arbeit kennzeichnen (was aber frühestens bei Master- oder Doktorarbeiten angezeigt ist). Insgesamt ist es sinnvoll, die Komplexität der Hierarchisierung in der Arbeit ebenso unter Kontrolle zu halten wie die Kleinschrittigkeit der Kapitelgliederung. Wenn in größeren Abschnitten argumentiert wird, sind auch nicht so viele Hierarchieebenen der Gliederung notwendig.

Diese Warnung vor zu kleinschrittiger Binnendifferenzierung der Darstellung und damit eintretender Konfusion der Gliederung zieht es nach sich, bei der dritten Nummerierungsvariante, der sogenannten Dezimalnummerierung, Vorsicht anzumahnen. Sie erlaubt eine schier unendliche Binnendifferenzierung eines Kapitels, Unterabschnitte mit der Nummer 2.1.5.3.4.7 wären ja durchaus vorstellbar (und es gibt leider allzu viele Bücher, die so etwas auch aufweisen). Gerade dadurch verführt sie zu Kleinschrittigkeit und Unübersichtlichkeit und gleichzeitig zu einer ungeheuren und unkontrollierbar werdenden inneren Hierarchisierung. Die kleinste Untergliederungseinheit in einer literaturwissenschaftlichen Hausarbeit darf durchaus zwei bis drei Seiten lang sein; die Vorteile liegen auf der Hand: Der Argumentationsfluss bleibt erhalten, ein Zwang zu ständiger Anschlussbildung zwischen Kapiteln wird vermieden. Deswegen nochmals die Empfehlung: Ruhig die traditionelle Nummerierung aus römischen und arabischen Ziffern (und gegebenenfalls Kleinbuchstaben) verwenden!

Das Titelblatt einer schriftlichen Hausarbeit sieht folgendermaßen aus: Oben links stehen (linksbündig) Angaben zu Universität, Seminar oder Institut, Semester und Lehrveranstaltung und Dozent(in), in der Mitte findet sich (zentriert) der Titel der Arbeit, unten rechts (rechts- oder linksbündig) Name, Studienfächer, Fachsemesterzahl und Adresse der Verfasserin oder des Verfassers. Ein Titelblatt sieht dann so aus, wie auf S. 147 dargestellt. _Titelblatt_

Die scheinbar äußerlichste formale Bestimmung für die schriftliche Hausarbeit betrifft ihre Länge: Diese hängt zwar immer von den je individuellen Anforderungen und Vorstellungen der einzelnen Dozentin oder des Dozenten ab, es lassen sich aber durchaus einige Orientierungsmaße nennen: Die schriftliche Hausarbeit im Proseminar des B. A.-Studiums sollte zwischen 12 und 15 Seiten lang sein (Haupttext ohne Inhalts- und Literaturverzeichnis), diejenige im Hauptseminar (B. A.) zwischen 15 und 20 Seiten, im M. A.-Hauptseminar dann 20 bis 25 Seiten. Diese Maße beziehen sich auf eine sogenannte Normseite von etwa 2400 Zeichen (inklusive Leerzeichen!). Die quantitativen _Umfang der schriftlichen Hausarbeit_

Vorgaben für eine schriftliche Hausarbeit sollten strengstens beachtet werden: Einerseits erweckt man leicht den Unwillen der oder des Korrigierenden, wenn man im B. A.-Studium 40 Seiten abgibt, andererseits gehört es mit zur qualitativ angemessenen Erfüllung der gestellten Aufgabe, diese in einem bemessenen Raum zu bearbeiten. Die Selbstbeschränkung auf einen knappen Raum wird sich nämlich in jedem nur denkbaren Berufsfeld wiederholen: am strengsten im journalistischen Bereich, aber ebenso in der Dramaturgie bei der Vorbereitung von Inszenierungs-Programmheften oder bei Pressemitteilungen. – Ergibt sich allerdings bei der Erarbeitung eines Gegenstandes ein derart spannender und nur umfänglicher darzustellender Zusammenhang, kann grundsätzlich eine Überschreitung der gesetzten Größe der Arbeit in der Sprechstunde vereinbart werden.

Die Einhaltung der quantitativen Grenzen für eine schriftliche Arbeit ist vor allem in Prüfungsarbeiten dringend erfordert: sowohl bei Klausuren als auch im Besonderen bei der Bachelor- oder Master-Arbeit. Zu den Letzteren variieren die Angaben je nach angestrebtem Abschluss, Studien- bzw. Prüfungsordnung, Universität und Bundesland: Für die B. A.-Arbeit kann man etwa 30 Normseiten, für die Masterarbeit 60–80 Seiten ansetzen. Größere Überschreitungen dieser Grenzen schlagen auf die Benotung durch!

Muster
der Titel-
seite einer
schrift-
lichen
Hausarbeit

Ruhr-Universität Bochum
Germanistisches Institut
Sommersemester 2016
Hauptseminar: Götz und seine Brüder: Ritterdramen
Dozent: Dr. …

Hinter jedem Ritter steht eine starke Frau?
Frauenfiguren in Goethes *Götz*
und Babos *Otto von Wittelsbach*

Adelheid Thorringer
M. A. Germ., Klass. Philologie, 3. Sem.
Jagsthausener Ring 15
44780 Bochum

4. Andere schriftliche und mündliche Präsentationsformen

4.1 Alternative Textsorten und schriftliche Präsentationsformen

Neben Ergebnisprotokoll und schriftlicher Hausarbeit können im Laufe des Studiums im Zusammenhang mit Lehrveranstaltungen noch weitere, meist kleinere schriftliche Arbeitsaufgaben verlangt werden. Beispielhaft werden hier Rezension, Essay und Lexikonartikel genannt, die als kleinere Textsorten unter der Bedingung zunehmender Digitalisierung des Studiums in Moodle- oder Blackboard-Kursen auch eine Rolle spielen können – Textsorten ganz unterschiedlicher Länge, die allerdings alle, wie die schriftliche Hausarbeit, eine intensive Erarbeitung des Gegenstandes voraussetzen. Im Folgenden sollen knapp die jeweiligen inhaltlichen und formalen Anforderungen skizziert werden.

a) Rezension

Die Rezension ist ein kurzer Text an der Grenze zwischen wissenschaftlichem und journalistischem Schreiben, der sich im Regelfall auf ein einziges zu besprechendes Buch bezieht und dieses sowohl inhaltlich vorstellt als auch wertend betrachtet. Gegenstand einer Rezension kann sowohl ein wissenschaftlicher als auch ein literarischer Text bzw. eine dramatische Inszenierung sein.

Im Gegensatz zur wissenschaftlichen Hausarbeit erlaubt die Rezension in höherem Maße, subjektive Wahrnehmungen und individuelle Lektüreerfahrungen einzuarbeiten – zumal angesichts von ›schöner‹ Literatur. Rezensionen thematisieren also wirkungsbezogene ›Werte‹ eines Textes: Spannung oder Rührung, Unterhaltung oder Belehrung. Wichtig für die Rezension als Textsorte im literaturwissenschaftlichen Studium aber ist es, am Text selbst die Gründe für die festgestellte Wirkung ausmachen zu können. Das verlangt grundsätzlich die in-

Wertung

tensive Erarbeitung des vorliegenden Buches. Wie etwa schafft es ein Roman, Spannung zu erzeugen? Welche Mittel setzt seine Autorin bzw. sein Autor ein, um spannend, belehrend oder unterhaltend zu schreiben? Ist dies ein Effekt einer bestimmten Gestaltung der Erzählinstanz oder der erzählerischen Organisation des Geschehens? Welche dramaturgischen Mittel setzt ein Regisseur bei der Umsetzung eines dramatischen Textes ein, um eine bestimmte Wirkung zu erzielen? Wirken Belehrung oder Spannungserzeugung aufgesetzt (gleichsam mit dem pädagogischen Zeigefinger erzeugt) oder sind sie authentisch? Gleichzeitig kann in die bewertenden Überlegungen mit einbezogen werden, ob die beabsichtigte oder erzielte Wirkung eine individuelle oder aber eine gesellschaftliche Zielrichtung hat: Wird die Rührung oder Unterhaltung des einzelnen Lesers oder der Leserin erreicht oder wollen Text oder Inszenierung einen gesellschaftlichen Prozess auslösen, eine Nachdenklichkeit, eine Politisierung oder Sensibilisierung in Gang setzen? Mit welchen Mitteln wird dies versucht? Werden die Wirkungsziele erreicht?

Neben diesen subjektiven Wahrnehmungskategorien sollte die Rezension auch versuchen, mögliche inhaltliche Absichten eines Textes bzw. einer Inszenierung zu thematisieren. Gibt es eine ›Botschaft‹, werden Wahrheiten oder Erkenntnisse formuliert und ästhetisch umgesetzt? Wie stellt man sich zu diesen? Sind Buch oder Inszenierung mit ihrer ›Botschaft‹ aktuell? Ist das Buch verständlich? Ist (vor allem bei wissenschaftlichen Büchern) sein Argumentationsaufbau klar und deutlich? Gibt der Text seine Darstellungsziele Schritt für Schritt an und erreicht er sie? *Intentionale Dimensionen des Rezensierten*

Sowohl in die wirkungsbezogenen als auch die inhaltlichen Wahrnehmungskategorien sind formale Fragestellungen einbezogen. In welcher literarischen oder inszenierungsgeschichtlichen Tradition stehen Buch oder Aufführung? Lösen sie die Regeln ihrer Form ein? Überschreiten sie sie? In welcher Richtung? Entsteht etwas Neues oder zerbricht etwas? Ist die Form offen oder geschlossen? In welchem Verhältnis stehen formale Bestimmungen zu Wirkung und Gegenstand bzw. Botschaft? Ist das Betrachtete schön oder hässlich? Ist die Hässlichkeit Absicht? Welchen Stil wählt eine Autorin oder ein Autor? *Formale Aspekte des Rezensierten*

Traditionszusammenhänge des Rezensierten

Literarische und wissenschaftliche Texte sowie Inszenierungen stehen immer in Beziehung zu ästhetischen und wissenschaftlichen Traditionen. Eine Rezension sollte diese möglichst identifizieren können. Wissenschaftliche Darstellungen sind auf ihre methodologische Perspektive hin identifizierbar. Können sie diese deutlich klarmachen? Entsprechen sie einer literaturtheoretischen Tradition oder führen sie sie weiter? Entwickeln sie neue methodologische Aspekte oder sogar ganze Konzepte? Wird damit am Gegenstand etwas Neues sichtbar? In welchem Verhältnis stehen sie damit zur Darstellungstradition beispielsweise in Literaturgeschichte, Biographik, Gattungspoetik o. Ä.?

Literarische Werke und Inszenierungen stehen ebenso in Traditionszusammenhängen. Entsprechen sie diesen, sind Buch oder Inszenierung traditionell oder sogar konventionell? Oder sind ihr Inhalt oder ihre Form originell? Welche neuen Darstellungsmittel erfinden sie? Durch welche Versatzstücke älterer Traditionen reichern sie ihre Form an?

Die vorstehenden Fragenkataloge versuchen lediglich, mögliche Bewertungsaspekte literarischer und wissenschaftlicher Texte sowie dramaturgischer Konzepte zu bezeichnen, die in der Diskussion um literarische Wertung als wirkungsbezogene, inhaltliche, formale und relationale Wertkategorien diskutiert werden.[19] Die Erarbeitung dieser Aspekte (von denen in einer Rezension natürlich immer nur eine Auswahl zum Tragen kommt) verlangt aber grundsätzlich die intensive Beschäftigung mit dem Gegenstand der Rezension – und d. h. auch: mit seiner Form, seiner (Gattungs-)Tradition usw. In Teilen sind also die Erarbeitungsverfahren, wie sie angesichts der Abfassung einer schriftlichen Hausarbeit vorgestellt wurden (vgl. Kap. 3), hier ebenso erforderlich.

---

19 Vgl. dazu Renate von Heydebrand / Simone Winko, *Einführung in die Wertung von Literatur. Systematik – Geschichte – Legitimation*, Paderborn [u. a.] 1996.

b) Essay

Der Essay ist gewiss die anspruchsvollste Textsorte literaturwissen-schaftlichen Schreibens. Das gilt sowohl für seine Form, seinen Stil als auch für den Anspruch, der an die intensivste inhaltliche Auseinander-setzung mit dem Gegenstand gestellt ist. Und dies, obwohl der Essay doch auf den ersten Blick auf die strenge Erarbeitung und systemati-sche Darstellung eines Sachverhalts zu verzichten, ein kreativeres, wil-deres Denken zu erlauben scheint. Die Struktur des Essays ist dadurch gekennzeichnet, dass hier gleichsam antisystematisch und in einer li-terarischen Sprache versucht wird, sich einer Wahrheit, einer Erkennt-nis anzunähern. Der Essay ist Grenzgänger zwischen Wissenschaft und Literatur: Von der umfassenden Kenntnis eines Gegenstandes oder Sachverhalts her, die ein Essay voraussetzt, gehört er zu den wis-senschaftlichen Textsorten; von seinem Gedankengang und seinem Stil her ist er ein literarischer Text.

Möglich-keiten der Textsorte

Der Essay ermöglicht in hohem Maße, über Gedankenexperimente, über spielerischen Umgang mit Hypothesen, mit intuitiven, stark sub-jektiv gefärbten Bildern und Denkmöglichkeiten einen Gegenstand auszuleuchten, um nicht etwa am Ende eine ›Wahrheit‹ auf einen Be-griff zu bringen, sondern im Prozess dieses unsystematischen, rhapso-dischen Denkens, Sprechens und Spielens die Dimensionen des Ge-genstandes aufzuzeigen. Und es ist klar, dass die Vielfalt der spielerisch mit in die essayistische Reflexion einbezogenen Facetten des Gegen-standes umso größer ist, je inniger man mit dem Gegenstand vertraut ist. So würde beispielsweise ein Essay über »Die Klassizität von Goe-thes Festspielen um 1800« eine reiche Kenntnis der dramatischen Kul-tur der Zeit, umfassendes Wissen über die problematischen (Epo-chen-)Begriffe wie Klassik und Klassizismus und vieles mehr verlan-gen. Das setzt natürlich eine im Verhältnis zur schriftlichen Hausarbeit um ein Vielfaches gesteigerte Einarbeitung in den Gegenstand voraus.

Stilistische und argu-mentative Offenheit

Dieser hohe Anspruch wird auch bei Aufbau und Stil des Essays verlangt. Das *Historische Wörterbuch der Rhetorik* formuliert diese Anforderungen – die natürlich am Ideal orientiert sind, aber als Maß-stab an den Essay angelegt werden müssen. Der Essay, so heißt es dort,

Aufbau und Stil

151

»verzichtet [...] weitgehend auf einen logisch stringenten Aufbau, wie er der wissenschaftlichen Beweisführung zukommt, und er erlaubt sich statt dessen, gemäß seiner subjektiven und perspektivischen Verfahrensweise, Brüche und Umwege in der Argumentation, Variationen des Themas sowie willkürliche Digressionen. [...] Die sprachliche Gestalt des Essays unterstreicht idealerweise seinen hypothetischen und dialogischen Charakter. Konjunktivische Wendungen, relativierende Partikel, einschränkende Nebensätze sind häufig. Anschauliche, oft verblüffende Metaphern, treffende Vergleiche und antithetische Konstruktionen sind Mittel des lebendigen, zwischen spontanem Einfall, genauer Beobachtung und abstrakter Spekulation oszillierenden essayistischen Stils.«[20]

Natürlich wäre es völlig unrealistisch, gleich im ersten Versuch diese methodischen und stilistischen Anforderungen erfüllen zu wollen. Gleichwohl geben sie den Orientierungsrahmen für die Textsorte ab, sollen hier aber grundsätzlich eher als Einladung zum »wildern«, auch spekulativen und erfinderischen Umgang mit Reflexionsgegenständen des Faches und wissenschaftlichen wie literarischen Stilen gelten.[21]

c) Lexikonartikel

Anforderungen an die Textsorte

Im Gegensatz zum Essay bildet die Textsorte »Lexikonartikel«[22] eine streng begrenzte und stilistisch regulierte Form wissenschaftlichen Schreibens. Anders als der Essay und noch viel strenger als Referat,

---

20 Eberhard Ostermann, Art. »Essay«, in: *Historisches Wörterbuch der Rhetorik*, hrsg. von Gert Ueding, Bd. 2, Tübingen 1994, Sp. 1460–68, hier Sp. 1461 f.

21 Vgl. zur Einführung in die Textsorte »Essay« außerdem Wolfgang Adam, »Der Essay«, in: Otto Knörrich (Hrsg.), *Formen der Literatur in Einzeldarstellungen*, Stuttgart ²1991, S. 88–98; Klaus Weissenberger, »Der Essay«, in: K. W. (Hrsg.), *Prosakunst ohne Erzählen. Die Gattungen der nicht-fiktionalen Kunstprosa*, Tübingen 1985, S. 105–124.

22 Es ist z. B. denkbar, in einer Lehrveranstaltung von allen Teilnehmer(inne)n die Abfassung eines Lexikonartikels zu Gattungs- und Epochenbegriffen und/oder zu Autorinnen und Autoren im Zusammenhang des Seminar-

Protokoll, Rezension und schriftliche Hausarbeit muss sich ein Lexikonartikel an äußeren Vorgaben orientieren. Ein abgegrenzter Gegenstand der Literaturgeschichte o. Ä. muss auf ganz eng bemessenem Raum »erschöpfend« behandelt werden; die formale Präsentation ist ebenso vorgegeben wie die ungefähre Stillage.

Neben der präzisen Erarbeitung des Gegenstandes (z. B. »Elegie« als lyrische Gattung im 18. Jahrhundert; »Leopold Friedrich Graf zu Stolberg« oder »Rokoko«) übt die Konzeption eines Lexikonartikels vor allem eines ein: die Reduktion einer großen Informationsmenge auf das ›Wichtigste‹. Hierbei müssen natürlich die Reduktionskriterien reflektiert (und gegebenenfalls – natürlich außerhalb des Artikels – thematisiert) werden: Die Frage, woher die Bemessungsgrundlagen für ›wichtigere‹ und ›unwichtigere‹ Informationen genommen werden. Gleichzeitig übt die Abfassung eines Lexikonartikels ins präzise Formulieren ein: Wie lassen sich die Aussagen syntaktisch oder stilistisch so verschlanken, dass einerseits alle als wichtig aufgefassten Informationen Platz finden, andererseits aber die vorgegebene Zeilenanzahl nicht überschritten wird?

Sowohl die Fähigkeit zur (zum Teil radikalen) Reduktion einer größeren Menge an Informationen als auch die zur präzisen Formulierung sind für das Studium und auch in späteren Berufsfeldern grundlegende Fertigkeiten: In schriftlichen Hausarbeiten und Referaten oder auch in Klausuren wird die räumlich oder zeitlich begrenzte ›umfassende‹ Darstellung ganzer Sachverhalte gefordert, in jedem nur erdenklichen Berufsfeld, von der Dramaturgie über Pressereferat bis hin zum Journalismus sind diese Fertigkeiten gefragt.

gegenstandes zu verlangen oder die Beteiligung an einem entsprechenden Wiki im Moodle-Kurs. So entstünde im Verlauf des Semesters ein selbst geschriebenes Kleinlexikon, das für alle Teilnehmer(inne)n den Gesamtgegenstand der Veranstaltung zumindest lexikalisch erschließt.

4.2 Referat

Differenz zur schriftlichen Präsentation

Ein geschriebener Text ist niemals ein vorlesbarer Text. Ein Referat ist niemals die Vorlesung eines Textes. Ein Referat ist vielmehr ein lebendiger und abwechslungsreicher, mehr oder weniger frei gehaltener Vortrag, in welchem man knapp den Gegenstand umreißt, um sodann eigene Wahrnehmungen und wissenschaftliche Deutungsperspektiven aufzuzeigen und Diskussionen mit den anderen Seminarteilnehmern anzuregen. Ein Referat setzt also prinzipiell die gleiche (wenn auch längst nicht so umfängliche) sachbezogene Arbeit voraus wie eine schriftliche Hausarbeit. Es erfordert zusätzlich die Vorbereitung auf die mündliche Präsentation, für die im Folgenden einige Übungsmöglichkeiten und Strategien vorgestellt werden sollen.

Der Beginn des Vortrags

Zunächst einmal zum Vortragstext: Sein Beginn muss die Zuhörerinnen und Zuhörer gefangen nehmen, fesseln oder wenigstens interessieren für das, was man zu sagen hat. Die Mitstudierenden müssen dort abgeholt werden, wo sie gerade stehen: Der eine kommt soeben aus der Mensa, die andere aus einer Übung Wirtschaftsmathematik, eine dritte hat gerade Ablautreihen gelernt. Zu diesem Zweck sollte am Anfang des Referats knapp der Gegenstand vorgestellt werden, als ob die Zuhörerinnen und Zuhörer gar nichts darüber wüssten, als ob sie noch niemals etwas von dem Roman, dem Drama oder den Figuren gehört hätten (was zum Teil ja auch zutrifft). So skizziert man kurz das Geschehen der entsprechenden Szenen oder Passagen, um die es im Referat gehen soll, man stellt die Figuren vor, die im Zentrum des Referats stehen: beispielsweise Mignon und den Harfner von ihrem ersten Auftreten an, ihre Lieder, ihre auffälligsten Verhaltensweisen, ihre Bezüge zu anderen Figuren der *Lehrjahre*, ihren Tod; oder die Frauenfiguren um Wilhelm, die auf unterschiedliche Weise androgyne Züge tragen. Kleinere Textpassagen eines Romans, dramatische Szenen oder Szenenteile und vor allem Gedichte, über die das Referat gehen soll, dürfen ganz vorgelesen werden. Ein solcher Literaturvortrag verlangt intensive Übung (mehrfach und zu Hause): Nichts ist peinlicher als unartikuliertes Geleier, der gute Vortrag eines Gedichts ist schon die halbe Interpretation.

Nachdem man den literarischen Gegenstand vorgestellt hat, kommen die Ergebnisse der eigenen Texterarbeitung ins Spiel, dasjenige, was in der Vorbereitung der schriftlichen Hausarbeit »Primärtextexzerpt« hieß (vgl. Kap. 3.2). Eigene Deutungsperspektiven gegenüber dem literarischen Gegenstand sollten auch hier nicht die Form subjektiver Aneignung bekommen – obwohl natürlich die lebendige mündliche Rede in viel höherem Maße den Ausdruck subjektiver Anteilnahme am Text ermöglicht und erlaubt als die schriftliche wissenschaftliche Auseinandersetzung.

Wissenschaftliche Auseinandersetzung und Anteilnahme

> Das Referat muss eine gute Mischung aus Anteilnahme oder Begeisterung für den Gegenstand und sachlicher, wissenschaftlicher Auseinandersetzung mit ihm aufbieten. Für einen Gegenstand, an dem man als Referent(in) kein sichtbares Interesse aufbringt, kann man auch kein Interesse von den Zuhörerinnen und Zuhörern verlangen.

Die verschiedenen Forschungspositionen, die man sich in der Vorbereitung des Referats erarbeitet hat, können mit den eigenen Deutungsperspektiven unmittelbar in einen Dialog gebracht werden. Man kann sie aber auch in einem gesonderten Abschnitt referieren, um sie sodann insgesamt zur eigenen Deutung ins Verhältnis zu setzen. Da die ausführliche Wiedergabe ganzer Forschungsberichte bei Referaten meist nicht angezeigt oder auch nur zeitlich möglich ist (womit das Publikum auch aufs Äußerste gelangweilt würde), muss vor allem die Darstellung der Deutungsperspektiven anderer auf knappe, pointierte Thesen beschränkt werden. Zu diesem Zweck muss die in Exzerpten oder Leseprotokollen erarbeitete Sekundärliteratur (vgl. Kap. 3.3) nochmals straffend in Thesen umgearbeitet werden – am besten immer im Blick auf jenes Detail des Primärtextes, an dem man schon die eigene Deutung entwickelt hatte.

Wiedergabe von Forschungspositionen

Entscheidend für die Aufmerksamkeit der Zuhörerinnen und Zuhörer und die Wirkung eines Referats sind Einleitungs- und Schlusssatz. Mit dem ersten Satz wird die Aufmerksamkeit geweckt oder eingeschlä-

Einleitungssatz

155

fert. Gleichgültig, wie frei man schließlich vorträgt – diesen Einleitungssatz sollte man erstens gut überlegen und ausformulieren, zweitens unbedingt auswendig lernen. Schleppende Einleitungsfloskeln wie »Ja, dann fang ich jetzt mal an« oder »Ja, ich hab da 'n Referat geschrieben« sind nicht nur umständlich und unnötig, sie verderben den Einstieg ins Referat. Dieser kann eine präzis ausformulierte, scharf pointierte These zum Text sein, kann unmittelbar aus dem Vortrag eines literarischen oder auch Forschungstextes bestehen, kann aber auch, ebenso genau formuliert, die bisherige Seminardiskussion zusammenfassen, um den Stellenwert der nun folgenden Ausführungen deutlich zu machen.

Schlusssatz Genauso viel Mühe verdient der Schlusssatz. Wenn man, am Ende seiner Ausführungen angelangt, noch ein wenig in dem Papierstapel auf dem Tisch kramt, träge ins Publikum blickt und sagt: »Ja, ich glaube, das war's irgendwie«, dann kann das Referat noch so gut gewesen sein (was es meistens nicht war) – seine Wirkung verpufft. Was zum Schlussteil einer schriftlichen Hausarbeit ausgeführt wurde (vgl. Kap. 3.6), gilt umso mehr hier: Der Schlusssatz eines Referates bündelt im besten Fall die vorgetragenen eigenen und fremden Argumente auf eine derart pointierte und gegebenenfalls provokative Weise, dass im Seminar eine Anschlussdiskussion ausgelöst oder zumindest denkbar wird. Diese Abschlussformulierung sollte auf jeden Fall gründlich ausformuliert und auswendig gelernt werden.

Grundsätzlich muss ein Text, der bisher nur in Papierform vorliegt, umgearbeitet werden in einen mündlich vortragbaren und verstehbaren Text. Dies geht nicht am Bildschirm. Den Text, den man als Referat
Einübung des Vortrags vortragen will, muss man sich selbst vortragen. Die höchste Aufmerksamkeit sollte nun dem eigenen Verständnis des Textes gewidmet werden: Wo die Sätze sich einem selbst entziehen, wo man nicht mehr genau weiß, wie der Satz begann, da ist erstens der Satz zu lang oder zu kompliziert, und zweitens hat man die Sache, um die es in diesem Satz geht, noch nicht ganz verstanden. Solche Sätze müssen nun so lange geändert, verkürzt, in mehrere einfache Hauptsätze aufgelöst werden, bis sie deutlich genug sind, bis die syntaktische Struktur einfach genug ist, bis die Anschlüsse so logisch sind, dass die Aussage des Satzes nachvollziehbar und unkomplex ist.

Während man sich das eigene Referat selbst vorträgt, sollte am besten wenigstens einmal ein Aufnahmegerät mitlaufen. Beim Abhören werden viele noch zu schriftlich, zu komplex formulierte Sätze erkennbar; darüber hinaus lassen sich unbewusst-habituelle Redebeigaben (die vielen »öhs«, die man selbst gar nicht mehr bemerkt) hören, die auszuschalten man dann den Versuch machen kann.

Für das Halten des Referats gilt grundsätzlich: Niemals ablesen! Der – im besten Fall mehrfach wiederholte – Probevortrag zu Hause hat, ebenso wie die Umarbeitung zu einem mündlichen Text, mit dem Referat so vertraut gemacht, dass das Manuskript praktisch überflüssig geworden ist. Wenn der ausformulierte Referatstext nun mit ins Seminar genommen wird – am besten noch durch farbige Markierungen strukturiert –, dann wird sich die Referentin oder der Referent relativ schnell und häufig vom Text lösen, große Passagen auswendig sprechen, ohne dabei am Wortlaut des Ausformulierten zu kleben: Meist ergibt sich ein noch besserer, freierer Wortlaut bei der Präsentation selbst. Die Gefahr, ins Ablesen abzurutschen, wird verringert, wenn man den Referatstext zu einem knapperen Thesenpapier oder sogar zu einem Stichwortkatalog reduziert hat. Der Vortrag nach Thesenpapier oder Stichwortkatalog setzt allerdings sehr viel Übung voraus – ein markierter Volltext auf dem Tisch erlaubt bei Bedarf den Blick auf wichtige Formulierungen, die beim ganz freien Vortrag verloren gehen könnten.

Eine weitere Gefahr des freien, nur an Thesen oder Stichpunkten orientierten Vortrags ist der Verlust des Zeitgefühls. Der Probevortrag im eigenen Heim hat nämlich, neben der Überprüfung und Übung des Textes, einen wichtigen Nebeneffekt: zu kontrollieren, ob das Referat die gewünschte Länge einhält. Wenn das Referat für 20 oder 30 Minuten oder auch (im schlimmsten Fall) für eine ganze Sitzung geplant ist, so muss diese Zeit eingehalten werden (ebenso wie die maximale Seitenzahl bei Hausarbeiten). Ist der Vortragstext zu lang, nützt es niemandem, etwas schneller zu lesen – der Text muss gekürzt werden. Wenn nun der gekürzte, eigentlich passende Text in freier Form nach Stichpunkten oder Thesenpapier vorgetragen wird, besteht, bei geringerer Übung, immer die Gefahr, dass man die zeitliche Begrenzung

Niemals ablesen!

Zeitmanagement

157

endlos überschreitet. Vor allem für Studienanfängerinnen und -anfänger also empfiehlt sich, bei möglichst freiem, fast auswendigem Vortrag den Volltext des Referats, durch Markierungen strukturiert, vor sich auf dem Tisch liegen zu haben.

Thesen-
papier

Ein Thesenpapier zum eigenen Vortrag herzustellen, lohnt sich jedoch allemal: Dieses knappe Exzerpt des eigenen Vortrags wird den Zuhörerinnen und Zuhörern ausgeteilt, strukturiert das nur Gehörte sinnvoll, hilft bei der Orientierung und kann durch handschriftliche Notizen ergänzt werden. Ein solches Thesenpapier sollte über die Vortragsthesen hinaus möglichst Angaben zu der erarbeiteten Forschungsliteratur enthalten, Tipps sozusagen zum Weiterlesen. Zusätzlich zu einem solchen Thesenpapier kann ein Referat unterstützt werden durch ein Materialblatt, auf dem etwa die im Zentrum des Referats stehenden Primärtextauszüge, das Gedicht oder auch zentrale Passagen der einschlägigen Forschungsliteratur abgedruckt sind.

Verweise auf solche Materialblätter, die Bitte ans Seminar um schnelle Lektüre einer dort abgedruckten Passage oder auch der Vortrag der Passage durch die Referentin oder den Referenten schaffen Abwechslung. Referate sollten nämlich nie, in der Abfolge »Vorstellung des Gegenstandes«, »eigene Deutungsperspektiven«, »Diskussion mit und von Forschungspositionen«, reiner darstellender Monolog sein – das hält kein Publikum länger als 20 Minuten aus (wenn überhaupt). Dieser Monolog kann auf vielfältige Weise unterbrochen und Interesse weckend angereichert werden: Wiederholt können kleine Passagen aus dem Primärtext oder auch höchst pointierte Abschnitte eines Forschungsbeitrags vorgelesen werden; eigene oder fremde Deutungsversuche können verdeutlichend an der Tafel oder auf dem Tageslichtschreiber skizziert werden; Bilddokumente, Titelblätter von Erstdrucken usw. können als Dia oder auch als Overhead-Folie gezeigt werden (komplexe rechnergestützte und animierte Präsentationen oder auch größerer Videoaufwand lohnen für kürzere Referate den Aufwand nicht; für die moderierende Gestaltung ganzer Sitzungen allerdings ist ihr Einsatz manchmal sinnvoll).

Sitzungs-
moderation

Für den letztgenannten Fall, dass man nicht nur referieren, sondern gleich eine ganze Seminarsitzung gestalten soll (Sitzungsmo-

158

deration), wäre anderthalbstündiges Monologisieren völlig fehl am
Platz. Kurzvorträge, die in bestimmte literatur-, gattungs- oder
mentalitätsgeschichtliche Zusammenhänge einführen, sind natürlich sinnvoll; primär aber müssen jetzt Diskussions- und Texter-
arbeitungsphasen in der Seminargruppe selbst organisiert werden.
Höchste Aufmerksamkeit verlangen – neben den diskussionsauslö-
senden Fragen oder Anregungen – vor allem die Diskussionen selbst,
die die Referentin oder der Referent erstens leiten, zweitens im
Nachhinein bündeln oder zusammenfassen soll und die drittens niemals so laufen, wie man es geplant hat. Letzteres heißt vor allem, dass
meistens ein am Schreibtisch entwickeltes Tafelbild o. Ä., das die
Diskussion hätte zusammenfassen können, nun nicht mehr stimmt.
Die Sammlung und Bündelung einer Seminardiskussion, ihre Überleitung zu einer erneuten Texterarbeitung müssen fast immer spon-
tan sein. Eigentlich ist, neben der höchsten Aufmerksamkeit, nur die
intensive eigene Erarbeitung des Gegenstandes eine ausreichende
Voraussetzung für die Bündelung der in einer Seminardiskussion
vorgetragenen Argumente.

Entscheidend für die Wirkung eines Referats, das Interesse, das im
Publikum geweckt wird und erhalten bleibt, ist die Art und Weise, wie
man als ganzer Mensch referierend agiert. Das heißt vor allem: Nie- **Referieren**
mals sitzend referieren! Auch nicht von irgendeinem Platz im Semi- **als ›Ganzer**
narraum aus. Referierende gehören auf den Platz des Dozenten bzw. **Mensch‹**
der Dozentin. Von vorne aus, stehend oder abwechslungsweise einmal
auf dem Tisch sitzend, soll das Referat gehalten werden. Die ganze Person, der Körper muss mitreden, man ist nicht das anonyme Sprachrohr
eines Textes, sondern präsentiert als Person ein Wissen, für das man
sich interessiert.

Stehen ermöglicht eine erhobene Position: Man kann das gesamte
Publikum im Blick halten; ein Publikum, das sich nicht im Blick der
oder des Referierenden empfindet, verliert seine Aufmerksamkeit, beschäftigt sich anders. Das heißt aber auch, dass beim Vortrag der Blick
immer erhoben sein muss, nur kürzeste Momente auf Skript, Thesenpapier oder Stichwortkatalog verweilen darf. Und das führt wieder auf
die gründliche Vorbereitung des Vortrags zurück.

Sprech-
stunden-
besuch

Zur Vorbereitung eines Referats gehört, neben Texterstellung und Vortragsübung, ein Sprechstundenbesuch. Grundsätzlich ist eine intensive Absprache nötig erstens darüber, wie eng oder weit gefasst der Gegenstand des Referats überhaupt vom Dozenten oder der Dozentin geplant ist. Damit hängt zweitens natürlich die Länge des Referats zusammen (und die ist unbedingt einzuhalten). Drittens aber dient dieser Sprechstundenbesuch dazu, abzusprechen, an welchem didaktischen Ort, mit welchem Ziel und wann in der Sitzung das Referat überhaupt stattfinden soll. Schließlich muss noch die Frage geklärt werden, wie das Referat in die Sitzung eingebunden wird: ob die Dozentin oder der Dozent das Referat anmoderiert oder ob man dies selbst machen soll, ob es einleiten soll in eine Seminardiskussion unter wessen Leitung. Ein solcher Sprechstundenbesuch sollte nach dem Referat wiederholt werden, um Lob und weiterhelfende Kritik einzuholen.

Literaturhinweise

Die folgenden Literaturhinweise erweitern die in Kap. 3.1 gelieferten Angaben zu Nachschlagemöglichkeiten für die Recherche nach bibliographischen und Hintergrundinformationen. Dies kann nur für die Lexika/Sachwörterbücher, Literaturgeschichten und Bibliographien sinnvoll sein, die Zahl der Epochen-, Autoren- und Gattungsmonographien ist so unübersehbar, dass keine begründete Auswahl möglich wäre. Natürlich sind auch die folgenden Aufstellungen alles andere als vollständig, sie nennen lediglich die gängigsten Titel. Das Literaturverzeichnis wird abgeschlossen durch eine kurze Liste der aktuell greifbaren Einführungen in die Literaturwissenschaft und in die Analyse literarischer Gattungen.

1. Lexika, Sachwörterbücher

Best, Otto F.: Handbuch literarischer Fachbegriffe. Definitionen und Beispiele.
8., überarb. und erw. Aufl. Frankfurt a. M. 1991.
Borchmeyer, Dieter / Žmegač, Viktor (Hrsg.): Moderne Literatur in Grundbegriffen.
2., neubearb. Aufl. Königstein i. Ts. 1994.
Das Fischer-Lexikon Literatur. 3 Bde. Hrsg. von Ulfert Ricklefs. Frankfurt a. M. 1996.
Frenzel, Elisabeth: Motive der Weltliteratur. Ein Lexikon dichtungsgeschichtlicher
Längsschnitte. 6., überarb. und erg. Aufl. Stuttgart 2008.
– Stoffe der Weltliteratur. Ein Lexikon dichtungsgeschichtlicher Längsschnitte.
10., überarb. und erw. Aufl. Stuttgart 2005.
Historisches Wörterbuch der Rhetorik. 12 Bde. Hrsg. von Gert Ueding. Tübingen
1992–2015.
Killy, Walther (Hrsg.): Literaturlexikon. 2., überarb. Aufl. Berlin 2008–2012.
[12 Bände und 1 Registerband.]
Kindlers Neues Literatur-Lexikon. 22 Bde. Hrsg. von Walter Jens. München
1988–1998.
Lorenz, Otto: Kleines Lexikon literarischer Grundbegriffe. 2. Aufl. München 1999.
Meid, Volker: Sachwörterbuch zur deutschen Literatur. Stuttgart 1999.
– Reclams Lexikon der deutschsprachigen Autoren. 2., aktual. und erw. Aufl.
Stuttgart 2006.
Nünning, Ansgar (Hrsg.): Metzler-Lexikon Literatur- und Kulturtheorie. 5., überarb.
und erw. Aufl. Stuttgart/Weimar 2013.
Reallexikon der deutschen Literaturgeschichte. Begr. von Paul Merker und Wolfgang
Stammler. Hrsg. von Werner Kohlschmidt und Klaus Kanzog. 2. Aufl. Berlin

1958–88. – 3., neubearb. Aufl. u. d. T.: Reallexikon der deutschen Literaturwissenschaft. Hrsg. von Klaus Weimar und Harald Fricke. Berlin 1997 ff.

Rinsum, Annemarie van / Rinsum, Wolfgang van: Lexikon literarischer Gestalten. 2 Bde. Stuttgart 1988–90.

Metzler-Literatur-Lexikon. Begr. von Günther und Irmgard Schweikle. Hrsg. von Dieter Burdorf, Christoph Fasbender, Burkhard Moenninghoff. 3. Aufl. Stuttgart/ Weimar 2007.

Wilpert, Gero von: Sachwörterbuch der Literatur. 8., verb. und erw. Aufl. Stuttgart 2001.

2. Literaturgeschichten

Bahr, Ehrhard (Hrsg.): Geschichte der deutschen Literatur. Kontinuität und Veränderung. Vom Mittelalter bis zur Gegenwart. 3 Bde. 2., vollst. überarb. und erw. Aufl. Tübingen/Basel 1998–99.

Beutin, Wolfgang [u. a.]: Deutsche Literaturgeschichte. Von den Anfängen bis zur Gegenwart. 7., erw. Aufl. Stuttgart/Weimar 2008.

Boor, Helmut de / Newald, Richard (Begr.): Geschichte der deutschen Literatur von den Anfängen bis zur Gegenwart. 9 Bde. München 1949 ff.

Glaser, Horst Albert (Hrsg.): Deutsche Literatur. Eine Sozialgeschichte. 10 Bde. Reinbek bei Hamburg 1980–89.

Grimminger, Rolf (Begr.): Hansers Sozialgeschichte der deutschen Literatur vom 16. Jahrhundert bis zur Gegenwart. 12 Bde. München 1980 ff.

Gysi, Klaus (Hrsg.): Geschichte der deutschen Literatur von den Anfängen bis zur Gegenwart. 12 Bde. 3. Aufl. Berlin 1980.

Martini, Fritz: Deutsche Literaturgeschichte. Von den Anfängen bis zur Gegenwart. 19. Aufl. Stuttgart 1991.

Propyläen Geschichte der Literatur und Gesellschaft der westlichen Welt. Red.: Erika Wischer. 6 Bde. Berlin 1981–84.

Žmegač, Viktor (Hrsg.): Geschichte der deutschen Literatur vom 18. Jahrhundert bis zur Gegenwart. Bd. 1–2. 4. Aufl. Weinheim 1995–96. Bd. 3. 2. Aufl. Ebd. 1994.

3. Bibliographien

Bibliographie der deutschen Sprach- und Literaturwissenschaft. Begr. von
Hanns W. Eppelsheimer, fortgef. von Clemens Köttelwesch und Bernhard
Koßmann. Hrsg. von Wilhelm R. Schmidt. Frankfurt a. M. 1957 ff. [Bd. 1:
1945–1953.]
Germanistik. Internationales Referatenorgan mit bibliographischen Hinweisen.
Hrsg. von T. Ahldén [u. a.]. Tübingen 1960 ff.
Handbuch der deutschen Literaturgeschichte. Abt. 2: Bibliographien. Hrsg. von
Paul Stapf. Bern/München 1969–74.
Bd. 1: Henry Kratz: Frühes Mittelalter. 1970.
Bd. 2: Michael S. Batts: Hohes Mittelalter. 1969.
Bd. 3: George Fenwick Jones: Spätes Mittelalter. 1971.
Bd. 4: James E. Engel: Renaissance, Humanismus, Reformation. 1969.
Bd. 5: Ingrid Merkel: Barock. 1971.
Bd. 6: Eugen K. Grotegut: Das Zeitalter der Aufklärung. 1974.
[Bd. 7 nicht erschienen.]
Bd. 8: John Osborne: Romantik. 1971.
Bd. 9: Roy C. Cowen: Neunzehntes Jahrhundert. 1970.
Bd. 10: Penrith Goff: Wilhelminisches Zeitalter. 1970.
Bd. 11: Gertrud Bauer Pickar: Deutsches Schrifttum zwischen den beiden Welt-
kriegen. 1974.
Bd. 12: Jerry Glenn: Deutsches Schrifttum der Gegenwart. 1971.
MLA (Modern Language Association). International Bibliography of Books and
Articles on the Modern Languages and Literatures. New York 1922 ff.

4. Einführungen in die Literaturwissenschaft und die Analyse literarischer Gattungen

Arnold, Heinz-Ludwig (Hrsg.): Grundzüge der Literaturwissenschaft. 8. Aufl.
München 2008.
Asmuth, Bernhard: Einführung in die Dramenanalyse. 7., aktual. und erw. Aufl.
Stuttgart/Weimar 2009.
Blinn, Hansjürgen: Informationshandbuch deutsche Literaturwissenschaft.
4., völlig neu bearb. und stark erw. Ausg. Frankfurt a. M. 2005.
Brackert, Helmut / Stückrath, Jörn (Hrsg.): Literaturwissenschaft. Ein Grundkurs.
6., erw. und durchges. Aufl. Reinbek bei Hamburg 2000.

Burdorf, Dieter: Einführung in die Gedichtanalyse. 2., überarb. und aktual. Aufl. Stuttgart/Weimar 1997.

Frank, Horst Joachim: Wie interpretiere ich ein Gedicht? Eine methodische Anleitung. 6. Aufl. Tübingen 2003.

Genette, Gérard: Die Erzählung. Aus dem Frz. übers. von Andreas Knop, mit einem Vorw. hrsg. von Jochen Vogt. 3. durchges. und korr. Aufl. München 2010.

Heydebrand, Renate von / Winko, Simone: Einführung in die Wertung von Literatur. Systematik – Geschichte – Legitimation. Paderborn [u. a.] 1996.

Jeßing, Benedikt / Köhnen, Ralph: Einführung in die Neuere deutsche Literaturwissenschaft. 3., überarb. und erg. Aufl. Stuttgart/Weimar 2012.

Jeßing, Benedikt: Dramenanalyse. Eine Einführung. Berlin 2015.

Pfister, Manfred: Das Drama. 11. Aufl., erw. und bibl. aktual. Nachdruck der durchges. und erg. Aufl. 1988. München 2003.

Schneider, Jost: Einführung in die moderne Literaturwissenschaft. 5. Aufl. Bielefeld 1998.

Schutte, Jürgen: Einführung in die Literaturinterpretation. 5., aktual. und erw. Aufl. Stuttgart/Weimar 2005.

Vogt, Jochen: Aspekte erzählender Prosa. 8., durchges. und aktual. Aufl. Opladen 1998.

– Einladung zur Literaturwissenschaft. Mit einem Hypertext-Vertiefungsprogramm im Internet. 10. Aufl. München 2008.

Wagenknecht, Christian: Deutsche Metrik. Eine historische Einführung. 5., erw. Aufl. München 2007.

Zentrale Begriffe und wesentliche Arbeitsschritte des literaturwissenschaftlichen Studiums

Im folgenden Glossar werden den wesentlichen Arbeitsschritten und wichtigen Fachbegriffen des literaturwissenschaftlichen Studiums knappste Erläuterungen beigestellt, die Seitenzahlen verweisen auf die Orte der jeweiligen Behandlung des Themas im Text.

Berufsbezogene Qualifikationen   Alle Fertigkeiten intensiver Erarbeitung wissenschaftlicher Gegenstände sowie mündlicher und schriftlicher Präsentation, die im Studium erlernt und eingeübt und in den verschiedensten geisteswissenschaftlichen Praxisfeldern erfordert werden.   → S. 9, 25, 146, 153

Bibliographieren   Schriftliche Zusammenstellung aller auffindbaren Forschungsliteratur, die als hilfreich erscheint für die Erarbeitung eines bestimmten Themas.   → S. 32–54, 78 f.

Computerorganisation   Einrichtung einer sinnvollen und übersichtlichen Ordner- und Dateienstruktur für Seminar- und Vorlesungsmitschriften und vor allem für schriftliche Hausarbeiten auf der Festplatte des Computers.   → 16, 31 f., 34 f., 53 f., 75, 88, 90–94, 96, 104, 112, 126

Dialog mit der Forschung   Grundsätzlicher Anspruch an eine schriftliche oder mündliche Auseinandersetzung mit einem literaturwissenschaftlichen Thema: Die eigene Textlektüre soll in einen produktiven, gegebenenfalls kontroversen Dialog mit den vorgängigen Lektüren anderer treten.   → S. 9, 30, 38, 93, 97, 108, 112–116, 155

Disposition   Begründete Gewichtung des erarbeiteten textanalytischen und forschungsbezogenen Materials sowie die Planung von dessen möglicher Reihenfolge in Hausarbeit oder Referat.   → S. 30, 104–111, 115, 118, 126 f., 144 f.

Ergebnisprotokoll   Knappe und thesenartige Zusammenfassung der informativen Ausführungen von Mitstudierenden oder Dozent(in) sowie der Ergebnisse der Diskussion in einer Seminarsitzung.   → S. 15, 28 f., 148

Exzerpt   Thesenartige Teilausschrift eines Forschungsbeitrages, die entweder zitierend oder in eigenen Worten die zentralen Argumente des Textes formuliert. → S. 78, 87–98

Forschungsbericht Knapper Überblick über die bisherige Forschung zum Gegenstand der eigenen Arbeit, der entsprechend der methodologischen Ansätze verschiedener Forschungsbeiträge geordnet ist. → S. 79, 96, 107–109, 113

Fußnote, Endnote Unten auf der Seite bzw. am Schluss des Textes angebrachte Anmerkung, die entweder den Nachweis eines Zitats im Haupttext oder/und weiterführende Gedanken oder nicht ganz zentral erscheinende Argumente enthält. → S. 51, 91, 102, 112–114, 116, 125, 135, 137–140, 143

Ideenkartei Datei, in die Ideen notiert werden, die während einer Vorlesung oder eines Seminars bzw. bei der Ausarbeitung eines Referats oder einer Hausarbeit entstehen und möglicherweise in einer späteren Studienphase erarbeitet werden könnten. → S. 16, 20, 28

Konzeption Überführung des in der Disposition gewichteten und geordneten Materials in ein (vorläufiges) Inhaltsverzeichnis. → S. 15, 30, 104–111, 115, 118, 144, 153

Leseprotokoll Schlagwortgeleitete Auswertung großer Forschungsbeiträge, aus denen Thesen und Argumente zu zentralen Sachverhalten der eigenen Arbeit exzerpiert werden sollen. → S. 78, 87, 94–96, 155

Literaturverzeichnis Nach Primärliteratur, gegebenenfalls Quellen und Forschungsliteratur gegliederte Aufstellung aller tatsächlich benutzten Literatur am Ende einer schriftlichen Hausarbeit. → S. 91, 99, 102, 107, 141 f., 144 f.

Methode Der spezifische Zugang einer jeden Textdeutung und Forschungsarbeit zum Gegenstand, der meist die wissenschaftliche Selbstreflexion der Zurichtung des Gegenstandes und des jeweiligen Erkenntnisinteresses enthält. → S. 41 f., 78–87, 120, 127

Moderation Vermittlung zwischen den Einzelteilen eines Textes, Herstellung von Überleitungen und Verbindungen und Vedeutlichung der Logik des Argumentationsaufbaus. → S. 116–119, 122

Prüfungsvorbereitung Effektive Planung und inhaltliche Vorbereitung der mündlichen und schriftlichen Prüfungsleistungen, insbesondere der Abschussarbeit. → S. 14, 17 f., 94, 98, 125, 146

Sprechstundenbesuche Unbedingt wahrzunehmende Gesprächs-
möglichkeiten mit der Dozentin oder dem Dozenten anlässlich aller
mündlichen und schriftlichen Arbeitsaufgaben zur genaueren Themen-
absprache, zur Beratung über kleinere Details oder größere Probleme.
→ S. 8, 15 f., 56, 78, 146, 160

Stil »Tonlage« einer Arbeit, eines Referats, einer Vorlesungsmitschrift
usw., die die Orientierung am Adressatenkreis ebenso umfasst wie
Fremdwortgebrauch, Syntax und Tempus. → S. 22, 25, 29, 43, 119 f.,
124, 126, 128–134, 151–153

Textanalyse Wissenschaftliche Fixierung von Textbeobachtungen mit
Hilfe terminologischer Kategorien etwa der Metrum-, Gattungs- oder
Stilanalyse. → S. 31, 54 f., 124

Textbeschreibung Von der Chronologie des Textes schon abgelöste,
kategoriengeleitete Wiedergabe aller Textbeobachtungen in Form eines geschlossenen Textes. → S. 54–56, 60–62, 75 f., 93, 95–98, 107,
109, 112

Thesenprotokoll s. Ergebnisprotokoll

Verlaufsprotokoll Ausarbeitung der direkten Mitschrift in einer Lehrveranstaltung, die deren Komplexität bzw. Übersichtlichkeit abbildet
und damit den Verlauf von Seminardiskussion im Nachhinein nachvollziehbar erhält. → S. 15, 26–29

Verständnishypothese Thesenartig zu formulierendes Resultat von
Textbeschreibung und -analyse, begründete Aussage zum möglichen
Verständnis des Primärtextes, die später in den Dialog mit der For-
schung eintritt. → S. 54 f., 77 f., 86 f., 112, 114, 120, 122–124

Vorlesungsmitschrift Intensive Aufarbeitung der Protokollnotizen
aus einer Vorlesung in Form eines geschlossenen, ausformulierten
Textes. → S. 9, 16–26, 29

Zitat, Zitieren Wörtliche Wiedergabe von Aussagen oder Aussagebe-
standteilen Dritter, aus Primär- oder Sekundärliteratur; Zitate müssen
gekennzeichnet, ihre Quelle nachgewiesen werden. → S. 38 f., 51, 57,
75, 86, 88–91, 93, 97, 100, 102, 112–114, 116, 127, 134–141, 143

Zum Autor

BENEDIKT JESSING, geb. 1961, apl. Prof. am Germanistischen Institut der Ruhr-Universität Bochum. Studium an der Universität GH Essen, 1991 Promotion. 2003 Habilitation (Bochum). Publikationen u. a. zu Goethe und zur Goethezeit, zur Literatur der frühen Neuzeit, der Frühaufklärung und des 19. und 20. Jahrhunderts und zur Wissenschaftspropädeutik.